得到你真正想要的工作

[美] 迈克·法尔 著　　张慧 侯芳 等 译

中国海洋大学出版社
·青岛·

图书在版编目(CIP)数据

得到你真正想要的工作/(美)法尔著;张慧,侯芳等译.—青岛:中国海洋大学出版社,2014.6

ISBN 978-7-5670-0633-1

Ⅰ.①得… Ⅱ.①法… ②张… ③侯… Ⅲ.①职业选择—通俗读物 Ⅳ.①C913.2-49

中国版本图书馆CIP数据核字(2014)第101340号

出版发行	中国海洋大学出版社
社　　址	青岛市香港东路23号
邮政编码	266071
出 版 人	杨立敏
网　　址	http://www.ouc-press.com
电子信箱	book@ouc.edu.cn
订购电话	0532-82032573(传真)
责任编辑	冯广明　　电　话　0532-85902469
终　　审	李学伦
印　　制	日照日报印务中心
版　　次	2014年6月第1版
印　　次	2014年6月第1次印刷
成品尺寸	210 mm × 275 mm
印　　张	12
字　　数	300千字
定　　价	31.80元

前言

这是本书的第六版。成千上万的人已经从本书的前几版中受益，并得到了他们真正想要的工作，购买本书是你正确的选择。为适应科技和经济的快速发展，我对本版做了许多相应的修订。例如，互联网在获取岗位信息和工作导向方面正成为一个日益重要的来源，而且电脑在办公场所中扮演着一个重要的角色，因此，我增加了相应的内容以便更好地为你提供帮助。本版本中还有一个索引，因此您可以更容易找到那些对你有用的信息。

但是，找到并从事一份理想工作这件事情本身没有发生太多改变。你仍然需要清楚你想做什么，仍然需要去让老板相信你的价值。

虽然职业生涯规划和求职是一个相当复杂的课题，但是其中只有两件事情是真正重要的：

1. 如果你要工作，不妨做一些你喜欢、擅长做或想做的事情。

2. 如果你想找工作或换工作，不妨在短时间内完成。

本书内容就围绕这些话题展开，并致力于帮你取得理想的结果。

通过列举大量的实例和表格，《得到你真正想要的工作》一书能帮你找到恰当的语言来介绍你的技能，并能教你在面试时使用这些语言。如果你没有求职目标，本书可以告诉你适合做什么。如果你已经知道想要什么样的工作，读完本书后你能更容易找到该方面的工作或类似的工作。

实践证明，本书中所列举的求职技巧可以帮助求职者节省找工作所花费的时间，并帮其找到一份更好的工作。本书专门有一章节介绍了有关在工作中获得提升和发展的技巧。我在本书中尝试把所有有关界定工作、找到工作和保住工作的技巧介绍给大家。

换个角度来讲，这本书不仅仅是一本求职书，它还鼓励你更多地去了解自己，帮助你确定你喜欢并擅长什么，并帮助你在求职中找到这些有意义的东西。这本书让你去思考如何过自己想要的生活。我希望它可以帮助你做出更好的决策，并能在你职业规划和求职时为你提供更有效的技巧。

纸上学来终觉浅，绝知此事要躬行。要想充分地使用本书，要在书上写出你的思考结果，在空白处做记录，并完成本书提到的相关活动。我衷心希望你能喜欢它，也希望它可以帮助你在更短的时间内得到你真正想要的工作。

祝您一切顺意。

Mike Farr

迈克·法尔

目 录

第1章

开篇语: 过自己真正想要的生活

本书的大部分篇幅是介绍如何在较短的时间内找到一份好工作,而首先思考一下与之相关的话题非常重要。例如,你想要过什么样的生活? 你真正擅长什么? 或者你是在意做自己想做的事,还是在意赚更多的钱?

类似的思考,会帮助你做出更好的职业决策,从而获得一份满意的工作。本章主要关注求职过程中的远期目标,可以在今后的职业生涯规划中借用。

明确生活的意义绝不仅仅是工作。

多数人每周工作约 40 小时。但在每周的 168 个小时中,工作最多只占约 1/4 的时间。虽然工作是生活中重要的组成部分,但也仅仅只是度过时间的方式之一。本章内容将帮助你正确地给工作定位。

为将来做准备,你需要考虑的决不仅是你想要的工作类型。你还需要考虑在你的生活中究竟有什么东西是重要的。

本书接下来的练习会帮你认识自己并确定自己的目标。这种认识将帮助你做出更好的职业规划和生活规划,并在求职的路上得到你真正想要的工作。

“紧紧抓住梦想。因为当梦想远去,生命将是一片贫瘠的沙漠。”

——兰斯顿·休斯

今后5年内,你想做什么?

想象一下,从现在起的5年内,如果你可以自由选择自己的生活,你要做什么?你的想法要积极,并且贴近现实。请尽情想象,然后回答下列问题。如果需要,可以在另一纸张上作答。

1. 你会选择在哪儿居住?哪一地区?住什么样的房子?

____

____

____

2. 你会如何谋生——做什么工作?

____

____

____

3. 你会与谁或什么样的人共同生活?

____

____

____

4. 闲暇时间你将如何度过——做什么事情?

____

____

____

5. 你是否还有其他细节需要描述?

____

____

____

想象一下,对于以上同样的问题,把时间变成10年或更久的话,你可能在做什么?如果假定的时间更久,你是否会有不同的答案?

工作天地

你的一生中将会更换多少份工作?

当人们在同一家公司工作50年直到退休,可以说这些人一生中最宝贵的时间已经献给了这份工作。当今社会,人们高中毕业后,一生之中平均会有10至15份工作,并会有3至4次的职业变化。因此,在你的职业生涯中,求职技能会不止一次地帮到你,它会让你终身受益。说不定从现在起的10年后,你才能找到你真正想要的工作。

哈里叔叔的遗产

这个活动与前一个相似。你可以忽略现实生活的限制，尽情发挥想象，然后快速完成以下活动，并写下你的全部想法。

设想一下，你从一个从未谋面的叔叔那里继承了2 000万美元，你的一生都不需要工作（除非你乐意去工作）。但是继承这笔财产需要几个条件，哈里叔叔把钱放在了银行里，只有你符合特定的条件才能拿到钱。请尽量诚实地回答下列问题。

1. 前两年，银行每年会给你75 000美元。你可以做任何想做的事情，但你必须把时间花在学习感兴趣的东西上。你会选择做哪些事情来度过这段时间？

2. 两年后，哈里叔叔要你拿出一半的钱（1 000万美元）投资一个能帮助他人的项目。这个项目会是什么？

3. 两年后你会选择怎样生活？在哪里住，与谁在一起生活，做什么？

前两个活动帮助你更有创意地看待自己的生活。在下一张工作表里，你可以使用你的创意来评估你究竟想要实现怎样的生活。

工作天地

高等教育的意义

通常情况下，拥有学士学位的人平均每人每年收入为16 000美元，这一收入水平高于只有高中文凭的人。然而，就业群体中只有1/4的人拥有学士及以上学位。接受更高的教育不仅仅只是让自己从普通大众中脱颖而出，从长远来看，教育的价值将会进一步显现出来。在设想未来的时候，这些因素都值得考虑。

你想取得什么成就？

在10年或15年内，你最想完成的3件事情是什么？忽略所有阻碍你成功的因素，只考虑你真正想完成的事情。你可以列举工作或是个人生活的任何事情。

1. ______________________________

____

____

2. ______________________________

____

____

3. ______________________________

____

____

设定目标，并一步步实现目标

你刚才回答的问题会帮你更好地思考未来。这些问题让你认真思考你想做什么或想取得什么成就。这些梦想可以为你的工作和人生目标提供一点借鉴。

虽然你可能无法做所有想做的事情，但是认真制订计划可以帮你更快地实现目标。问问自己，现在可以做什么，并马上动手去做，这样才能让自己的梦想成真。

钱很重要

你的经济前景

尽管有些人热爱自己所做的工作并不求金钱方面的回报，但我们大多数人还是想从事有金钱报酬的工作。在我们决定接受一份工作时，薪酬并非是唯一的考虑因素，但它往往是首要的动机之一。因此，得到一份真正理想的工作，不仅要看当下的薪酬，更是在规划你未来的财务前景。为了确保这一前景，在找寻理想工作时，需要考虑几个重要的因素，包括工作保障、退休及健康医疗等远期利益以及获得晋升的机会。从现在开始设立自己的经济目标吧，并在求职过程中始终考虑这些因素。

你的3个最重要的目标

回顾你刚刚完成的练习,从中挑选3个最重要的工作或生活方面的成就或目标,并写下来。一定要现实地看待能够取得的成就,并考虑未来5年或更长时间会取得的成就。

目标1:

目标2:

目标3:

针对目标1,完成下列任务。(如果你想继续完成其他两个目标,可以复制本工作表,或者把答案写在另外一张纸上。)

目标1:

1. 具体解释这个目标,并详细说明想要取得怎样的成就?

■

■

■

2. 在未来的两年里,哪3件事情是你在实现目标1的过程中最可能做到的事情?

■

■

■

3. 请列举在朝着目标 1 努力时，近半年内你能够做到的至少 3 件事情。

■

■

■

4. 请列举在朝着目标 1 努力时，近一个月内你能够做到的至少 3 件事情。

■

■

■

成功的技巧

革新

爱莎从事这份新工作已经 3 个月了。她注意到工作中的一些不合理的流程导致了效率低下。其实，她已经想到一种可以为公司节省很多开支的新生产方法。然而，作为一名新员工，她又对指出现行工作中的不足和提出改进意见感到害怕和不安。你会给爱莎什么样的建议呢？

保持开放心态

设定目标能够帮你更好地规划未来、克服困难，但并不是所有事情都能按照预先的设计进行。生活状态的变化(如结婚、组建新家庭)会让你重新思考自己之前所设定的目标。你的兴趣和价值观也会随着时间的推移而变化。可能你会考虑重回学校学习或举家迁到另一个地区(甚至国家)。

有些变化是出于自己的选择,有些变化自己却无法控制,如公司关闭、被派往海外工作、客户的需求发生变化等等。新技术每天都在改变着我们的工作方式。这些技术多数带来了更多的工作机遇,但有些却会让我们丢掉工作。劳动力市场每天都在发展和变化。如果能保持开放的心态,你就能在这些变化中立于不败之地。

个人工作也处于不断的变化之中。当前,很多热门工作受到人们的欢迎,这些工作需要那些适应力强、能承担多项任务的复合型人才去完成。几乎所有的行业当中,由于新技术的应用,都需要劳动者们学习新技术、与时俱进:护士们要学习新的药物治疗技术、建筑工人要学习新设备的操作技术、办公室文员要学习新办公软件的使用方法等等。对于每个行业领域的工作者来说,终身学习越来越重要,意味着要不断地更新知识和技能。

想要实现目标,你需要乐于接受这些变化,不断调整自己,与时俱进。这意味着你可能需要完成一些超出计划的工作任务。通过这些额外的锻炼,你会成长为一名更有价值的员工。举例来说,公司会交给某位销售员重新设计公司网页的任务。在完成额外工作任务的过程中,这位销售员锻炼了自己的计算机操作能力——假如不断积累这种锻炼和技能,他将来就能轻松地创办自己的企业。

保持开放心态,意味着认同我们的事业由几份不太相关的工作积累而成。但所有从事过的工作都会带领你实现更高的目标。关键在于所设定的目标及实现目标的过程、方法要有一定的开放性和灵活性。要善于抓住过程中的机遇,锻炼技能、积累经验,这样才能一步步走向成功。

如何适应变化

拿出几分钟的时间想一想自己事业上或生活中所经历的变化。可以是一些小的变化,比如家庭或工作当中新增的责任;也可以是一些大的变化,比如说重回学校读书。将这些变化写在下面的空白处。

____

____

____

____

____

接下来想一想你是如何调整自己、适应这些变化的。你的规划或目标随之改变了么?你当时面临哪些困难?你当时是怎样克服的?如果你现在仍然面临困难,你打算采取哪些行动去适应这种变化?

____

____

____

____

____

朝着梦想努力，梦想将一定会实现

> 悲观主义者在机遇来临时只看到困难；乐观主义者却在困难面前发现了机遇。
>
> ——温斯顿·丘吉尔

希望本章节的内容有助于你思考自己的长期目标和理想。然而大多数人都知道，仅仅只有理想是不够的。尽管实现自己的全部理想有些困难，但是只要你愿意努力，绝大多数的理想还是会成为现实的。

在阅读本书接下来的内容时，始终思考自己的远期目标和理想。记住，你每周有 168 个小时可以为实现理想而努力。

小贴士：

付诸行动！明晰你的目标，制定实现目标的步骤。本书中所提到的练习和活动将有助于你实现理想。当然，剩下的就看你自己了。

案例：明确自己想要的

玛丽安娜是一所大型医院的儿科护士。如果在玛丽安娜 10 岁时我们就告诉她将来她会成为一名护士，玛丽安娜一定会觉得难以接受。“我小的时候想当一名医生。长大后我意识到自己最想做的事情是去帮助他人。要做到这一点，不一定非要去取得一个医学学位。事实上，作为护士，我在帮助患者们康复上投入的时间比很多医生都要多。”作为一名持证护士，玛丽安娜薪水颇丰，工作稳定，她在护校两年的所学已见成效。最重要的是，她非常喜欢护士这份工作，因为每天都能帮助患者恢复健康。

然而玛丽安娜也深知在护理领域自己还有很多的发展机遇和空间。她谈到，每个人在进行职业规划时都应放宽眼界。“职业选择并不是简单地确定某一具体的工作或达到某种收入水平，而是要明确自己一生之中最想做什么—最想实现什么目标—然后找到最佳方式去付诸实施。”

第2章

明确老板的期望是什么

要成为成功的求职者和员工，就要领会老板的想法。很多人认为老板的想法和普通人不同。但老板也是像你我一样的普通人，我们可以试着从雇主的角度来考虑问题，思考一下你想让员工们做些什么，那么你就能弄明白作为一名员工，老板期望你做什么了。了解老板的想法将有助于你在找工作时成功地推销自己。

老板的想法

如果你是老板，你会怎样选拔为自己工作的员工？下面这个练习有助于你明白老板的心思。现在，请想象自己创立了一家公司，并为公司起一个名字。请确定你的公司是生产型企业，还是服务型企业。然后确定公司所要具体生产的商品或是要具体提供的服务。然后，假设你要帮助别人一起确定要雇佣哪些人，淘汰哪些人。

> “如果你为某一个人工作，就要为其所在的整个团队付出，真心地赞扬这个团队，并支持这个团队的立场。记住，表达自己的忠心是最聪明的表现。”
>
> ——埃伯特·哈伯德

求职者被录用或被淘汰的10个理由

在以下空白处列出至少10条你认为求职者是否可以被录用的因素。可以是消极因素，比如“不修边幅”；也可以是积极因素，比如“良好的沟通能力”等。每组至少列出5条。

淘汰求职者的理由：

1. ______________________________

____

2. ______________________________

____

3. ______________________________

____

4. ____________________

____

5. ____________________

____

录用求职者的理由:

1. ____________________

____

2. ____________________

____

3. ____________________

____

4. ____________________

____

5. ____________________

____

在你认为最重要的 5 项评估因素前打“√”。

在以下工作表中列出筛选求职者的最重要的 3 个因素。

筛选求职者最重要的 3 个因素

从以上选出的 5 项因素中再选出 3 项你认为最重要的因素，并按照重要性依次排序。

1. ____________________

____

2. ____________________

____

3. ____________________

____

你所列出的这些理由与大多数老板所想到的理由很可能一致。但是，请记住，对于哪一因素是最重要的，老板们却是仁者见仁，智者见智。

成功的技巧

仪表

辛蒂每天都准时上班,工作也干得不错。但是她总是穿着带有不文明标示语的T恤和蓝色牛仔裤,这不符合公司的规定。尽管有人已经提醒过她,但她依旧我行我素。这是否有问题?辛蒂还能继续做这份工作吗?

老板们看重什么

老板究竟看重求职者的哪项品质,相关人员已做过研究。请将你刚才所列的内容与以下研究结果对比一下。在做出录用决定前,老板们会考虑:

- 对员工的第一印象。
- "隐性因素",特别是可靠性和个性品质。
- 相关的工作技巧、工作经历和所受培训。

让我们来看看为什么老板会看重这些因素。

期望1:对求职者的第一印象

第一印象之所以重要,是因为一旦给老板留下不佳的第一印象,这种印象就很难改变。例如,一项调查发现,超过40%的应聘者们仪表形象令人不满,他们的穿着打扮留给老板们不佳的第一印象。这也许不太公平,但却是事实。谈话方式和友好程度也会影响到第一印象。

你刚才是否将"第一印象"放在了你的考虑因素当中?为什么?

____

____

期望2:隐性因素,尤其是应聘者的可靠性和个性品质

即使应聘者资质出众,也没有哪个老板愿意雇佣其认定的"问题人物"。不善于交流、不友好、不诚实和其他的不良品质都是求职者被淘汰的因素。可能你也考虑到了这些因素。

老板考虑的一个很重要的因素是求职者是否可靠,如果他们认为求职者不可靠,他们肯定不会雇佣这个人。

即使求职者有着丰富的工作经验或良好的岗位培训经历,老板也会因为怀疑求职者的忠诚而放弃聘用。可靠也就意味着按时出勤,工作认真努力,可能还意味着会长时间地从事一份工作。如果你能让老板相信你很可靠并且在工作上努力,那你就会战胜那些比你拥有更高学历的竞争者,得到这份工作。老板是怎样认定谁更可靠呢?他们会看你过去的经历和现在的表现。如果过去你值得信赖,那将来你也是可靠的。你

过去的工作、学习经历和个人成就等信息对老板判定你是否可靠非常重要。如果老板不相信你，他就不会雇佣你。

你刚才是否将可靠性放在了你的考虑因素当中？为什么？

____

____

商务礼仪

手机礼仪

假如你正在同日后可能成为你老板的雇主进行会面，恰巧此时你的手机铃声大作。这种情况很普遍，但是让人吃惊的是竟然有40%的应聘者选择在这时接听电话。手机对很多人来说是必需品，但是选择在面试进行中接听电话也许会导致你丢掉这份工作。以下几点是接听电话的礼仪：

- 在商务会谈场合请将手机调至静音或震动状态，工作面试时应将手机直接关掉。
- 会议期间手机不合时宜地发出声音时，应立即挂断电话，不用理会是谁打来的电话。可以将手机设置为语音信箱，在方便时及时回电。
- 如果你在等一个非常紧急的电话，请告知与会人员，并将手机调至震动状态。
- 如果你必须接听电话，应礼貌地致歉，再到会场外面接听电话，要小声接听电话以免打扰他人。

期望3：相关的工作技巧、工作经历和所受培训

大多数老板会选择那些符合工作基本要求的应聘者进行面试。以办公室工作为例，老板会筛选掉那些不懂文字处理软件的应聘者。在聘用时，老板会首先考虑那些接受过与岗位相关的教育和培训经历的求职者。

你刚才是否将相关的工作技巧、工作经历和培训放在了你的考虑因素当中？为什么？

____

____

工作天地

留下印象

给人留下第一印象需要多长时间？有人说需要30秒，我认为问题的关键不在于需要多长时间，而是这短暂的时间非常重要。记住，尽管你有1～5分钟的时间给人留下好印象，但是之后的时间里你都要注意维护这个好印象。不论你做什么，都要真实、自然。

聘任与否受很多因素的影响

很多时候，老板也会宁愿去雇佣那些有较少相关培训或是工作经历的应聘者。为什么呢？因为那些应聘者向雇主表示他/她将会更加努力工作，让雇主感到更值得信任。

实际上很多雇佣的决定并不只是基于应聘者相关的工作技巧、工作经历和所受培训。如果老板认为你可以做此项工作或者你可以很快学会怎样去做，你就会得到此工作。如果你值得信任并且努力，那么老板会认为你比那些拥有更多工作经验的人更胜任此项工作。

能够应聘成功的人并不总是拥有更多资质的人，而是那些善于应聘的人。

老板也是像你我一样的普通人。难道你不想雇佣以下这样的人：

- 看上去能胜任工作。
- 看上去值得信赖。
- 有足够的相关工作经验或能很快地学习相关技能从而胜任工作。

问题的关键是你要尽可能地了解老板对你的期望，并向他证明你能胜任工作。

好消息：老板将会给你工作机会，而不是把机会给其他那些拥有更多工作经验的应聘者。

很多老板会聘用那些尽管工作经验不多，但却能证明自己可以胜任此项工作的应聘者。这对应聘者来说是个好消息，因为：

- 可以学着给人留下好的第一印象。
- 应聘者可以着重强调为什么你是值得信任的员工。
- 应聘者可以展示自己的强项，让老板相信你能够胜任该工作。

> “能找到工作的并不总是那些资质最好的求职者，而是那些懂得求职技巧的人。”

你可以将以上提到的这些技巧和知识作为应聘前的准备，学会迎合雇主的期望。请记住一点，工作机会总是留给有充分准备的人，而不是资历最好的人。本书将会帮助你发现并运用自己的技能，找出最适合的工作。同时，你也会学到如何成功地找到工作，甚至击败经验丰富的对手。

案例：良好的第一印象

拉斐尔拥有自己的一家软件设计公司，他认为良好的第一印象可以影响人的一生。他毕业后的第一份工作是在他大学3年级时感兴趣的一家公司。尽管他在那家公司只实习了8周时间，但是他的出色表现让老板承诺只要一毕业，该公司就会雇佣他。在这家公司的工作经历让他学到了创办自己公司的所有经验。

现在，作为公司CEO的拉斐尔亲自参与对求职者的面试和所有的聘用决定。他说如果一项工作的申请人合适这份工作，他只要5分钟就可以做出决定，并且之后几周的工作时间就能验证他的聘用决定。拉斐尔给了应聘者这样的建议:“在求职过程中,积极的态度可以弥补相关工作经历的缺乏。如果你是个积极的人,那么很多必要的工作经验在工作当中就能学到。要自信、灵活并且使得雇主相信你所欠缺的正是你渴望学习的。”

第3章

了解自己的技能

就像大部分人一样，你可能拥有上百项技能。那些可能你认为应该能做好的事，别人做起来却很难，甚至无法完成。像骑自行车、横穿城市这样的事情虽然看似简单，电脑却无法完成。

尽管我们认为应聘者拥有多项技能非常普遍，但很多人不善于展现自己的技能。一项对雇主的调查显示在面试中约 3/4 的应聘者并没有展示应聘岗位技能，仅仅是由于他们没有掌握解释这些技能的语言技巧。

在规划事业和谋求工作的时候，了解自己的擅长之处是非常重要的。了解自己拥有的技能有助于你找到适合的工作。做自己擅长的事情才最有可能把这件事做好。假如你按照这个思路做事，你就更有可能走向成功。

> “使用自身所具备的才能。如果只剩下那些唱歌最动听的鸟儿的声音，整个树林里就会变得安静下来。”
>
> ——亨利·范·迪克

做自己喜欢的事也很重要。如果你所从事的事业是自己喜欢并且擅长的，那么你对生活会感到满足。

本章节的练习会帮助你发现什么事情是你擅长和乐意去做的。完成这些练习后，会帮助你拓展规划事业和谋求工作时的技能。

三种类型的技能

为了帮助你认识自己的技巧，我们把它们分为 3 类。下面将对每种技能进行简单的解释。

- **适应性技能 / 个性品质**：这种技巧可被定义为个性品质或个性（有时我们称之为自我管理技能），它可以让你适应很多不同的工作环境。被老板所看重的适应性技能（或自我管理技能）一般包括守时、诚信、热情和与他人相处的能力。尽管很多应聘者在面试中没有强调自己的这些个性品质，但是这些品质却往往是老板所看重的。
- **可迁移性技能**：你可以将这类技巧运用于很多不同的工作。例如，文笔清晰、表述流畅、组织有序等等。
- **工作相关性技能**：在特定的工作中需要使用此类技能。例如一名汽车技师需要懂得如何调试发动机、如何修理刹车、擅长使用各种各样的工具。办公室文员需要懂得如何做文字处理、如何使用电子制表软

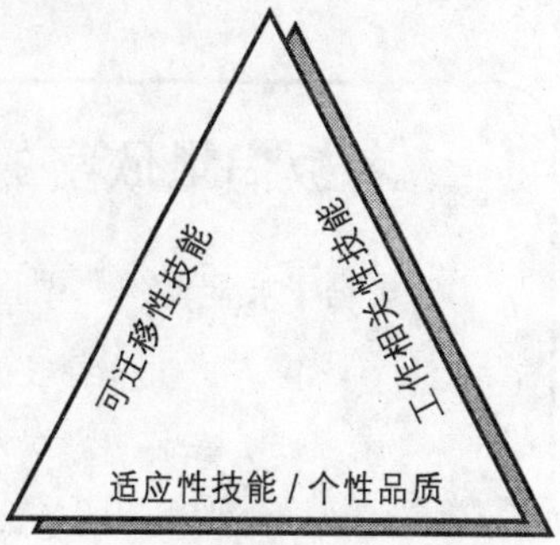

三种类型的技能

件和其他的一些办公室工作。

了解自己所具备的不同的技能是很必要的。很多应聘者认为与工作相关的技能是最重要的。这些技能虽重要，但是雇主经常会选择那些在面试过程中更多展现自己的个性品质和可迁移性技能的应聘者。因此，我们要首先去分析自己都具有哪些个性品质，接下来分析具有哪些可迁移性技能，最后分析具有哪些与工作相关的技能。了解并且善于展示这些技巧将会在应聘时助你一臂之力。

商务礼仪

商务礼仪也是一种技能

在职场中，你的行为举止可以让你看上去杰出、一般或是很糟糕。如何恰当地自我介绍、如何在会议中互动、如何接听电话都很容易学会。商务礼仪就是让你周围的人感到舒服，让他们认为你是一个友善、能干、自信的人。

找出你的适应性技能

本书的这部分内容将有助于你更多地找出自己的适应性技巧。

你所具备的优秀员工的品质

请列出你认为可以使自己成为优秀员工的5项个性品质。

1. ______
2. ______
3. ______
4. ______
5. ______

多数人会在此列出各种各样的技巧，其中通常会有“与他人友好相处”或是“努力工作”等等。如果你是老板，你认为这些技巧重要吗？了解应聘者的适应性技巧会有助于你决定录用的人选吗？在多数情况下，了解适应性技巧确实会帮助雇主们做出录用决定。但是有很多人在面试时往往忽略了自己的适应性技巧！

老板们最欣赏的适应性技能

根据“求职达人”网（www.quintcareers.com）的统计，老板们最欣赏以下10种适应性技能：

1. 诚信／正直／善良
2. 适应性／灵活性
3. 韧性／奉献／勤勉／职业道德
4. 可靠／责任感

5. 忠诚	6. 活力/积极的态度/内驱力/工作热情
7. 专业性	8. 自信
9. 自觉工作的能力	10. 进取心

适应性技能一览表

以下表格列出了很多雇主认为重要的适应性技能。请仔细阅读。如果是你所具备并有时使用过的技能，请在第一列打"√"，如果是你所具备并经常使用的技能就在第二列打"√"，你没有用到过的技能后面可以不做记号。

关键技能

即所有雇主都非常重视的技能。如果应聘者不具备或是没能展示出来，他们将不会被录用。

技能	有时具备	经常具备	技能	有时具备	经常具备
守时	□	□	能做事	□	□
诚实	□	□	每天上班	□	□
听从主管安排	□	□	按时完工	□	□
与他人友好相处	□	□	努力工作并富有成果	□	□

其他适应性技能

老板们所期望的其他适应性品质或技能。请在表格最后的空白处写下那些表格中没有列出而你认为重要的个人品质。

品质	有时具备	经常具备	品质	有时具备	经常具备
协调能力	□	□	谦虚	□	□
怀有抱负	□	□	有积极性	□	□
好学	□	□	心胸宽阔	□	□
果敢	□	□	乐观	□	□
有能力	□	□	创新	□	□
使人感到愉快	□	□	耐心	□	□
称职	□	□	坚持不懈	□	□
认真勤奋	□	□	身体健壮	□	□
有创造力	□	□	锻炼新技能	□	□
可信赖	□	□	为做好工作而骄傲	□	□

考虑周全	☐	☐	可靠	☐	☐
热切、渴望	☐	☐	有策略	☐	☐
高效	☐	☐	有责任感	☐	☐
有活力	☐	☐	注重结果	☐	☐
满腔热忱	☐	☐	自信	☐	☐
富于表现力	☐	☐	有工作激情	☐	☐
灵活	☐	☐	真诚	☐	☐
庄重	☐	☐	解决问题的能力	☐	☐
友善	☐	☐	率直	☐	☐
和蔼可亲	☐	☐	坚定	☐	☐
幽默	☐	☐	机智	☐	☐
善于助人	☐	☐	为工作自豪	☐	☐
士气高涨	☐	☐	坚韧	☐	☐
谦虚	☐	☐	节俭	☐	☐
富有想象力	☐	☐	仔细周到	☐	☐
独立	☐	☐	值得信任	☐	☐
勤奋	☐	☐	多才多艺	☐	☐
友好	☐	☐	组织有序	☐	☐
聪明	☐	☐	乐于接受新鲜事物	☐	☐
直觉力强	☐	☐	其他：		
善于领导	☐	☐	________	☐	☐
快速学习	☐	☐	________	☐	☐
忠诚	☐	☐	________	☐	☐
成熟	☐	☐	________	☐	☐
有条不紊	☐	☐	________	☐	☐

成功的技巧

领导能力

最近公司内正在开展某部门主管职位公开竞聘的活动，安德烈和希尔卡是竞聘这一职位的两个最佳人选。安德烈在公司任职近12年，取得了一些个人成就，但是他不太受其他同事的欢迎，有人说很难与他合作。希尔卡在公司任职7年，有着同样的个人成就，但是她受到公司每个员工的尊重，她参与的集体项目经常会提前完成，并且不超预算。你认为谁会得到晋升机会？

你可以借助下面的一览表了解一些适应性技巧。

在下面的空白处，写出 3 项你个人具备的适应性技能。

你所具备的 3 项最重要的适应性技能

仔细回忆适应性技能一览表，选出 3 项你认为你所具备的且雇主们重视的适应性技能。

1. ______
2. ______
3. ______

以上你列出的词语是本书中的部分重要词语！在面试中展示自己所拥有的这些个人品质，老板将从众多人选中首先考虑聘用你。在本书的后几章节中你会学到如何在面试、工作简历、职业规划中强调你的个人品质。

发现你的可迁移性技能

记住，你可以将自己的可迁移性技能从一项工作移至另一项工作。这样的技能你具备很多，这些都是你在学校、无偿或有偿的工作中或由于个人爱好而学到并一直在用的一些技能。

下面的可迁移性技能一览表有助于你认识这些技能，包括被老板们看重的及能够引导你成功的技能。

“是否具备适应性技能是老板在录用员工时最核心的决定因素。”

可迁移能力清单

查看下列条目，如果您有该技能，并且擅长，请在第一列做标记。如果你想在下一项工作中使用此技能，请在第二列做复选标记。在“其他”一栏添加您能想到的其他技能。当您完成时，您应该在以下两列中回顾到了 10～20 项技能。

关键技能

使用这些技能的人在工作中往往会需要更高水平的责任和付出。如果你具备这些技能，一定要在面试时强调这些技能。

技能	擅长技能	下一次工作中会用到的技能	技能	擅长技能	下一次工作中会用到的技能
承担责任	☐	☐	组织或管理项目	☐	☐
与公众相处	☐	☐	计划活动或事件	☐	☐
增加销售或效率	☐	☐	解决问题	☐	☐
教导他人	☐	☐	在公众前善于发言	☐	☐

财务或预算管理	□	□	监督他人	□	□
管理他人	□	□	团队合作	□	□
在最后期限前完成工作	□	□	写作良好	□	□
会见公众	□	□	其他________	□	□
谈判	□	□	________	□	□

其他可迁移能力

实际操作能力

技能	擅长技能	下一次工作中会用到的技能	技能	擅长技能	下一次工作中会用到的技能
组装或制作	□	□	修理东西	□	□
建造、观察和检查	□	□	使用复杂设备	□	□
建造和修理建筑物	□	□	使用双手	□	□
驾驶或操纵交通工具	□	□	其他________	□	□
操作或使用工具和机械	□	□	________	□	□

数据处理能力

技能	擅长技能	下一次工作中会用到的技能	技能	擅长技能	下一次工作中会用到的技能
分析数据和事实	□	□	比较、检查或记录事实	□	□
审计记录	□	□	计数，观察，编译	□	□
计算	□	□	处理细节	□	□
检查精确性	□	□	评估	□	□
数据分类	□	□			
调查	□	□	记录事实	□	□
财务记录	□	□	研究	□	□
找到答案或资料	□	□	设立预算	□	□
资金管理	□	□	综合	□	□
谈判	□	□	盘存	□	□
观察或检查	□	□	其他________	□	□
			________	□	□
			________	□	□

与人共事的能力

技能	擅长技能	下一次工作中会用到的技能	技能	擅长技能	下一次工作中会用到的技能
管理	☐	☐	谈判	☐	☐
关心他人	☐	☐	劝说	☐	☐
面对他人	☐	☐	同情他人	☐	☐
为他人考虑	☐	☐	与他人交往	☐	☐
咨询他人	☐	☐	监督	☐	☐
演示	☐	☐	教授	☐	☐
有耐心	☐	☐	容忍	☐	☐
帮助他人	☐	☐	理解	☐	☐
与人互动	☐	☐	信任	☐	☐
面谈	☐	☐	机智	☐	☐
倾听	☐	☐	其他________	☐	☐
			________	☐	☐
			________	☐	☐

语言及思维能力

技能	擅长技能	下一次工作中会用到的技能	技能	擅长技能	下一次工作中会使用的技能
清楚表达	☐	☐	推理	☐	☐
口头交流	☐	☐	记忆信息	☐	☐
与他人联系	☐	☐	研究	☐	☐
创建新的思路	☐	☐	在公众面前演讲	☐	☐
设计	☐	☐	明智地运用资源	☐	☐
编辑	☐	☐	文笔清晰	☐	☐
发明	☐	☐	其他________	☐	☐
			________	☐	☐

领导能力

技能	擅长技能	下一次工作中会用到的技能	技能	擅长技能	下一次工作中会用到的技能
做事自信	☐	☐	作出决定	☐	☐
安排社交聚会	☐	☐	推进事情	☐	☐
与其他人竞争	☐	☐	管理或指挥他人	☐	☐
自我控制	☐	☐	调解问题	☐	☐
创建解决方案	☐	☐	激励人	☐	☐
委派、授权	☐	☐	自我激励	☐	☐
引导他人	☐	☐	达成谈判协议	☐	☐
向他人解释概念	☐	☐	计划	☐	☐
取得结果	☐	☐	开会	☐	☐
影响其他人	☐	☐	解决问题	☐	☐
发起新的任务	☐	☐	承担风险	☐	☐

创新及艺术能力

技能	擅长技能	下一次工作中会用到的技能	技能	擅长技能	下一次工作中会用到的技能
音乐	☐	☐	绘画	☐	☐
舞蹈、肢体协调	☐	☐	表演	☐	☐
绘画、创作	☐	☐	演奏乐器	☐	☐
艺术地表达思想	☐	☐	提出艺术性想法	☐	☐
发明	☐	☐	其他	☐	☐

其他技能

技能	擅长技能	下一次工作中会用到的技能
____________________	☐	☐
____________________	☐	☐
____________________	☐	☐
____________________	☐	☐
____________________	☐	☐
____________________	☐	☐

工作天地

你是否需要更多的计算机技能?

过去,熟悉电脑软件的技能是从其他求职者中脱颖而出的条件。如今计算机非常普遍,熟练操作计算机已是必需的基本能力。事实上,不能够使用文字处理、电子表格和数据库软件会降低你的就业能力。如果你觉得你的计算机操作技能需要加强,可以考虑在当地的大学或图书馆进行学习。

你所具备的最重要的5项可迁移性技能

仔细阅读可迁移性技能的清单,选出在你的下一份工作中要用到的5项最重要的技巧,并列在下面。

1. ______________________
2. ______________________
3. ______________________
4. ______________________
5. ______________________

在工作中学会使用这些迁移性技能是很重要的,这样可以让你形成你的核心技能。随后,你将了解如何在面试时谈论这些技能。

老板们最看重的可迁移性技能

"求职达人"网(www.quintcareers.com)认为老板们最看重下列可迁移性技能:

1. 交流能力(听、说、写)
2. 分析/研究能力
3. 电脑使用能力/技术素养
4. 灵活性/适应性/统筹兼顾能力
5. 人际交往能力
6. 领导/管理能力
7. 多元文化敏感性/意识
8. 计划能力/组织能力
9. 解决问题/推理/创造性思维
10. 团队协作

发现与职业岗位相关的技能

了解你的适应性和可迁移的技能是非常重要的。但是,许多工作需要的技能是某种职业所特有的。举例来说,某航空公司飞行员显然应必须懂得如何开飞机,仅仅具备与人相处的技巧是不够的。

虽然学习飞行员技术需要花费的时间确实很长,但是你可以在短短几天、几周或几个月内学到很多其他与职业相关的就业能力。这些就业能力和技能可以帮助你很快找到工作。

本节将帮助你认识自己的教育和成就，确定岗位相关技能，并制定具体的计划让你学会使用这些技能。完整地回顾自己的经历将帮助你完成职业生涯规划，回答面试时遇到的问题，以及成功地制作简历。

如果可能，使用数字来描述你的活动及其成果。例如，说“组织过30人的旅行”要比“组织过一次旅行”更有说服力。为了方便修改，填写时请使用铅笔。

要特别注意你喜欢的经历和喜欢使用的技能，并尝试在你的下一个工作中使用这些技能。

教育和培训

如果你刚刚毕业，你会发现下面的信息对你非常有帮助。不过，你离开校园的时间越长，此类经历的重要性就会越低。即使你已工作过一段时间，完成此节将会帮助你回忆什么是你喜欢的，并发现你擅长什么。

1. 学校名称和接受教育时间（包括高中、职业培训和大学）__________

2. 你擅长的课程，特别是那些与你可能想从事的工作相关的课程__________

3. 课外活动/爱好/休闲活动/旅行经历__________

4. 成就，奖励，你在校内外所获得的认可__________

你未来的老板也会对你的工作经历和志愿者岗位感兴趣。为了更好地推介自己，尽量多地列出你这方面的经历。

工作和其他方面的生活经历

在下面的工作表中列出你从事过的重要工作、参军经历、志愿者岗位及相关信息。试着使用数字说明这些经历:一年或几年内你所服务过的人数、经手的交易数额、销售量增加的百分比、你负责过的库存总价值、你监管过的员工薪金的交易数量、你负责过的总预算等等,都要使用数字。

在您每次填写曾经应聘的重要职位、参军经历以及无偿工作经历时,您都会用到本表格。从最近的工作经历开始填写,然后填以前的经历。(如果你还没有太多授薪工作的经历,那么包括参军和无偿工作在内的那些经历就很重要了。)如果你已升职,请考虑把这份工作单列出来并制作单独的工作表。

工作或无偿工作经历

1. 组织名称 ______
2. 地址 ______
3. 工作起止时间 ______
4. 工作职位或角色 ______
5. 上级主管的姓名 ______
6. 带区号的电话号码与电子邮件地址 ______
7. 你使用过的机械和设备 ______

______

______

______

______

8. 数据、信息和你制作过的报表 ______

______

______

______

______

9. 你为同事、客户及他人完成的以人为本的责任及义务 ______

______

______

______

______

10. 你提供过的服务和制造过的产品 ______

______

______

______

11. 如果获得升值、加薪，或被授予更多的责任，请列出理由 ______

12. 具体说明你如何帮助公司提高产量、简化或重组工作程序或降低成本。尽可能地使用数字来描述，例如，"在人手没有增加的前提下，订单增加了50%。" ______

13. 你学到的与现在这份工作相关的内容 ______

14. 你的主管领导怎么评价你？ ______

钱很重要！

财务预算能力

根据美国联邦储备局的调查，大约43%的美国人花的钱比赚的钱多。拮据的生活总是很难度过，但是通过制定每月或每周的预算，你可以少背负债务。简单地说，将你的净收入与总开支相比较，除去那些非花不可的钱（如房租或抵押贷款、煤气、水、电的花销以及日用品的开支），其他的可以灵活调整（如看电影、聚会或购物），保持收支平衡。这种控制开支、保持预算的能力是一份宝贵的可迁移技能。

找出你的核心技能

在你的生活中，某些活动会让你感到很有成就感。这些活动可能是很久以前的事情，也可能是昨天发生的事情，有时甚至可能是对别人没有多大意义的事情。举例来说，可能是你第一次骑自行车，或是上周你烤出的美味面包，或是你受到的奖励。不管这件事是否能获得他人的认可，反正你做得很出色，并喜欢做这些事。

从你记得的这些成就中可以发现你的核心技能。举例来说，骑自行车需要自己努力，不放弃；制作面包，你需要计划、组织和准备原料，并按照指示操作。

在你的特殊成就中使用的技巧即为“核心技能”，你很善于使用并喜欢使用这些技能。这些技能可能是适应性技能、迁移性技能，也可能是与工作相关的技能。如果你能发现它们，并在你的下一份工作中使用这些技能，你的职业生涯将获得更多的机会，你将更有可能接近成功。

在下面的工作表中，请填写你所具备的最重要的 5 项核心技能。

你所具备的最重要的 5 项核心技能

回顾你填过的适应性技能、可迁移性技能以及与工作相关技能的 3 个列表。从这些列表中，选择 5 项你最希望在下一份工作中使用的技能，并按重要性进行排列。

1. ____________________
2. ____________________
3. ____________________
4. ____________________
5. ____________________

如果有份工作可以让你在其中运用你的核心技能，你很可能会喜欢这份工作或做得很好。找一份可以让你运用这些技能的工作很重要。在接受面试时或在简历中提到你的核心技能或许可以帮助你从众多竞争者中脱颖而出

写出一个关于自身成就的故事

从你的 5 项核心技能中选出你认为最重要的、或最引以为豪的、或最喜欢的一项，并结合你在这方面的成就，在下面的工作表中写出一个详细的故事。如果需要，可以另外附纸完成。

如果你认为可以向雇主介绍的跟这些“核心技能”相关的故事不止一个，你可以另找纸张来写。

别人的故事：

高中时期，我不是最优秀的学生，我大部分时间都在疯玩。不过，我学习了政治学，并且非常喜欢政治老师，这门课的出勤率要远远高于其他课程。政治老师让我参加了学生选举。我在现有规则的基础上创建了一个新的政治团体。我们甚至利用规则来阻止当权党派扼杀我们。我学会了在公众面前讲话，学会了在现有组织架构内工作并力图变革。在我们的影响下，学校里很多人参与政治，并第一次参加投

票。我们甚至差点赢得大选。这件事给我带来了很多乐趣,也让我意识到了我的领导能力。我也因此赢得了自信。我得到了高中生涯中为数不多的A级成绩。我发现,只要肯努力,我就能取得好成绩。

你的故事:

在求职的整个过程中学会运用你的语言技能和相关的故事

你现在已经有了一定的基础,可以描述自己那些关键的、可改变、可迁移并与工作相关的技能。你现在已经掌握了新的技能语言。然而,就像任何语言一样,你需要更好地运用这种语言。在你不断拓展这种技能语言能力时,你可以更好地解释你擅长做什么,并能展示你将怎样最好地使用这些技能。本书后面的章节将教你在面试、投递申请、撰写简历和职位晋升中使用这些技能语言。

案例：为什么所有的技能都很重要

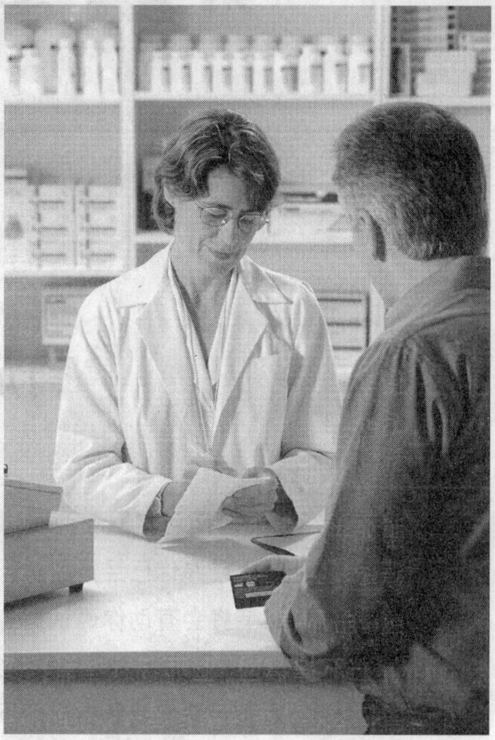

作为当地药店的一名药剂师，安妮认为自己工作中最富挑战、最有收获的事情是与人打交道。她能叫出很多顾客的名字，工作的大量时间都用来与顾客谈论治疗方法、所用药物或仅仅是聊家常。她所学的药理课程让她掌握了从事这份工作的大部分技能，但不是全部。“我在课程中会学到数学、化学和配比等知识，也会上一些实验课。尽管在课堂上我们会讨论药剂师的角色和责任，但这些并不意味着我已经学会了如何直接与病人打交道。”

对安妮来说，尽管技术性的技能对于开展工作不可或缺，但却并不是全部的工作技能。很多工作都是如此，技术性技能对于求职来讲是必须具备的，但仅仅掌握这些技能却不能保证你一定会取得成功。安妮认为她之所以能得到顾客的信任，是因为自己能与顾客进行良好的交流和沟通。“我工作中用到的技能有一半涉及与人沟通。比如与客人聊天、指导客人用药以及缓解他们的焦虑等。在我下一次应聘工作时我会着重强调自己具备的沟通优势。正是这种优势让我有别于那些不通人情的药品计量机器，而成为一名懂得客户需求的药剂师。”

第4章

确定你的求职目标

或许你正在因为选择何种职业而犹豫不决，也或许你已经知道自己想从事何种职业；或许你已经对某个职业发生了兴趣，也或许你已经开始进行职业培训，并为从事某种特定的工作做着准备。但不管你现在正处于哪个阶段，本章节将会有助你确认岗位信息，从而进一步规划职业生涯，找到属于你的工作。

如果你尚未确定职业发展路径，本章会为你提供有一定参考价值的详细职业目录；如果你已明确自己未来的职业类型，本章会帮你找到自己所不熟悉的一到两种其他行业领域的相关职位信息。例如，如果你现在正在医疗技术专业学习，你或许非常清楚你未来从事的职位会是什么。但是，你是否熟悉与你专业相关的其他行业领域的职位呢？在最佳的行业中选择最佳的职位意味着你会得到更高的报酬和更强烈的职业满足感。

大多数人在求职目标尚未确定的时候就盲目地选择所学专业及培训课程，从而将许多可选的职业排除在外。大多数情况下，人们会选择与前一份工作类似的职业或与所学专业相关的职位。他们执著于谋求自己认为"能够"从事的岗位，从不考虑自己真正想要做的工作是什么。本章节将帮助你从感兴趣的职位中找到最适合你的工作。

> "我只是一个个体，但我拥有个体的力量。我不能去做所有的事，但仍有一些事情我能够去做。我也不会因为不能做所有事而拒绝做我所能做的事。"
>
> ——埃德沃德·埃弗特·黑尔

不管你处于何种情况，了解自己的就业可能性将有助于你进行长期的职业规划，还将有助于你找到最符合自己个性和需求的工作。

创造性地思考你的工作可能性

你的工作可能性应该会远远超出你的想象，任何一个工种都会有一系列与之相关的工作岗位。例如，"会计"这一工种会有与之相关的更具体的工作岗位，这些都包含在我后面要解释的"职业信息网"里。"职业信息网"中与"会计"相关的岗位：会计、出纳、管理员、首席财务官、成本评估师、审计员、预算分析、信贷分析员、税务评估员、收税员、税务员、保险精算师、经济师。

事实上，任何一个工作大类中都会分有几十甚至几百种更详细的岗位名称，有些甚至你都没听说过。举例来说，下面列出了由联邦政府主管的招聘网站 www.ajb.gov 上对“会计”这一大类型工作中一小部分岗位分类。因整个清单太长，受篇幅所限，在此无法一一列出。但是需要注意的是，之所以能细分出这么多种不同的岗位名称，主要是因这些岗位所属的行业不同、职责不同或者对经验或知识的要求不同所造成的。

执行会计；零售业执行会计；建筑业会计师；制造业会计师；税务会计师；会计 1（政府任命）；制造业会计职员；会计软件 MAS90 服务会计；酒店管理会计；CPA 会计（注册会计师）；收款会计 / 具有信用分析经验；成本会计；高级会计；人员会计师；会计 / 账务管理；会计 / 注册会计师契约；会计 / 固定资产；会计 / 总账；会计分析；会计职员；会计职员—AP、AR 与收款；职员会计与工资；会计职员—生产；会计职员—商务；会计职员—电脑软件业；会计职员 /AP/AR；会计协调员—广告业；通适会计；会计经理；会计经理—广告业；会计经理—注册会计师；会计经理—零售业；会计经理—医疗护理业；会计经理—技术；会计经理 / 总监；会计经理 / 办公室经理；会计专家；会计总监 / 经理；会计支持；会计技术员；会计 / 财务分析师；应付账款员；会计分析员—财务；结算员；首席财务官；管理员；财务顾问；避险基金会计；国际会计；病人会计代理；高级会计；系统分析；证人审查 / 会计员……

职业参考目录列举的是一些主要工作类型，受篇幅所限，这个目录肯定不能罗列所有更具体的岗位名称。

尽管工作目录里涵盖了很多相关岗位的名称，但是却并没有包含那些自我创业者们从事的岗位，也没有包含那些已列入其他大类的岗位及部队岗位。在此仅举几例与会计有关的尚未在网站上发布招聘信息的岗位名称：

会计公司合作伙伴；会计电算化系统顾问；会计软件销售专家；业主 / 会计、记账或退税服务公司的业主；联邦或州预算主管；购买或采购专家；高中商务课程教师；大学会计、商务或相关专业教授；军事财务会计专家；军事财务会计经理；财务服务代表；商业银行家；财务会计专家制度分析师；联邦和州税务设计员；航空财务专家等等。

正如你看到的，会计从业者们有太多的工作可以选择。以此类推，每个人都是如此。

快速浏览岗位名称

在北美，人们普遍使用一份包含 1 000 多个工作名称的目录清单。以下 5 个步骤可助你充分使用该目录：

1. 快速扫描主要大类，找出最有可能包含你感兴趣的工作名称的一个或多个大类，并在旁边进行标注。
2. 在你感兴趣的一至两个工作组的下面画线。
3. 在这些工作组中划出《职业规划手册》或“职业信息网”中的工作名称。
4. 快速浏览其他大类中类似的工作小组，并划出任何你感兴趣的工作名称。
5. 重新回顾你划出的工作，圈出最多 5 个你最感兴趣的工作。

如果你已报名学习某个培训项目或知道你想要从事的工作类型：如果你非常清楚你想从事哪种工作，那你会很容易地找出最适合你的工作名称。例如，如果参加了会计的培训，你会很容易在商务管理大类中找到最适合你的工作名称。在划出了最感兴趣的工作小组或工作名称后，再快速浏览一下其他的工作大类，看看那些需要同样技能、培训和经验的工作名称。例如，某个参加了会计培训的人可能会对艺术与沟通大类中的管理工作感兴趣。

如果你尚未选定你的工作目标并且正在思考工作的可能性：如果你处于这种情况，就需要多花点时间来浏览工作大类并在其中研究岗位名称。你感兴趣的工作大类可能有很多，因此你需要选定2～3个最令你感兴趣的工作大类，更多地关注这些大类里面的工作。但是也不要忘记看一下其他的工作大类，或许你也能在里面找到适合你的工作。

工作天地

为什么考虑在政府部门工作？

有着大约200万雇员的联邦政府是这个国家最大的雇主，职业的种类也最多。政府工作往往更加稳定，还可以用更好的福利套餐来弥补有时相对较低的收入。想要获取有关联邦政府工作的更多信息，请点击 www.usajobs.gov。

寻找你最感兴趣的工作

现在，你应该已经找到了自己感兴趣的一些工作大类和具体的工作岗位。下列书籍或网站提供了一些工作的描述和职业的信息，可以为你提供参考，并指导你进行相关搜索。

- **《职业前景手册》**：这本手册由美国劳工部编写，每两年更新一次，对90%劳动力的近270种主要工作进行了详尽描述。描述非常到位，信息包括工作性质、工作条件、培训、任职资格和晋升、就业规划、职业前景、收入、相关工作以及附加信息来源。大多数图书馆和书店里都能找到这本《职业前景手册》。另外，你还可以在 www.bls.gov/oco 网站上找到手册中的一些工作描述。
- **职业信息网**：职业信息网是一个有着900多种工作名称的信息库，由美国劳工部负责维护，是最重要的拥有最新职业信息的网站之一。《职业前景手册》中每一项工作描述都包含"职业信息网"系统的职业参考编码，使你可以在"职业信息网"数据库里查阅相关的工作描述。你还可以在《1 000+岗位名录》里找到与每一个《职业前景手册》上职业相关的"职业信息网"中的工作名称。
- **《"职业信息网"职业名称词典》**：这本书详细描述了"职业信息网"中每一项工作，并把这些工作按照"职业信息网"系统的组群分类。这样人们很容易根据《职业前景手册》中所列的"职业信息网"编码、工作名称或者仅仅通过浏览目录表找到工作描述。每一项"职业信息网"描述中也列举了其他职业资源中能够找到的相关的工作名称和参考号码。

  如何更好地使用《"职业信息网"职业名称词典》："职业信息网"的描述是详尽的、实用的，跟其他的书籍和网络资源相比更是如此。如果你想要可靠的"职业信息网"工作描述或者想要浏览跟你原本的求职意向相关的"职业信息网"工作，那该书就是可以利用的最佳资源。这本书列举了上千个跟各种"职业信息网"所列工作相关的工作名称。
- **《职业前景手册（增补版）》**：这本书有效地提供了来自《职业前景手册》、"职业信息网"和《"职业信息网"职业名称词典》三大资源中的6 500多个工作描述。它首先给出每一项《职业前景手册》工作描述的全文，接着是每一项相关的“职业信息网”工作的简介，然后是《“职业信息网”职业名称词典》中相关名称的简介。这样，你就能很快很容易地分辨出跟每一个《职业前景手册》工作名称相关的所有的“职业信息网”和《“职业信息网”职业名称词典》工作名称，还可以找到每项工作的简介。

如何更好地使用《职业前景手册(增补版)》：每一项《职业前景手册(增补版)》工作的完整描述都包含在《简易职业前景手册》一书中，你不必使用好几本参考书来查找相关的工作名称。你只需要在《职业前景手册》中查阅你感兴趣的工作，然后找到你想了解其详细信息的相关的工作名称。如果你知道《职业前景手册》工作名称，想要快速地看看相关的工作，本书就是最简单的可用资源。

■《简易职业前景手册》：这本简易的参考书选取了《职业前景手册》中所有的工作描述，把它们浓缩成方便阅读的一页纸的综述。每项工作描述包含了工作性质、工作环境和其他情况来源等信息。一目了然地用数据列举了各种事实和数字，比如工作所要求的教育和培训背景、工作前景、空缺职位、起薪、平均收入、相关工作，甚至最适合此项工作的性格类型等。索引能帮助使用者按照性格类型或者要求的教育培训背景寻找工作。

如何更好地使用《简易职业前景手册》：当你想要快速地方便地搜索可能的工作名称时，本书是你最好的选择。每项工作信息能帮你做出工作选择，包含了你寻找工作时需要知道的大多数信息。如果你需要更详尽的信息，你还可以阅读上面提到的其他参考资料。

工作天地

“玻璃天花板”现象还仍然存在吗?

毫无疑问，在整个国家，更多的女性正拿着更高的薪水、被晋升到了高级管理职位，但是男性和女性之间却仍然存在着巨大的收入差距。在女性政策研究室 2010 年发布的一份报告中显示，男性每挣得一美元的同时女性只挣到了 0.77 美元。对少数民族妇女来说这个差距则更大：美国黑人女性仅能挣到 0.62 美元，西班牙女性仅能挣到 0.53 美元。这些客观数据让我们深信女性应该接受更多的教育，自己挣到的薪水就是自身价值之体现。

■《新职业搜索指南》：曾经的书名为《职业搜索指南》，该书的最新版本列举了超过 900 个“职业信息网”上的工作名称并将它们划分为 16 个大类和更专业的由相似工作组成的工作组(结构与《1 000+岗位名录》相同)。以美国教育部的分类法为基础将所有工作分为 16 个大类，每个类别里都包含工作组的工作名称、需要的技能和知识、教育和培训以及其他一些有用的信息。该指南中同样也提供“职业信息网”所列举的优质岗位名录。

如何更好地使用《新职业搜索指南》：如果你还不确定该在何种职业领域内就业，或正在你选定的职业领域中寻找更有责任感的工作，那么新指南将为你提供最好的参考资源。

■ **职业信息的主要网络来源**：政府在 www.bls.gov/oco 网上提供了《职业前景手册》的网络资源。如果你想获取关于“职业信息网”工作目录的详细信息，你可登陆由政府主管的网站 online.onetcenter.org，并浏览相关内容。其中一项功能会使你找到那些符合你意愿的工作，会对你进行工作选择非常有帮助。你也可以依据各种线索进行“职业信息网”工作名称的搜索，这些线索可包括工作任务、知识、技能、能力、工作活动、工作环境、工作区域、教育背景、培训、经验、兴趣、工作类型、工作价值观、工作需要、相关职业、工资和就业状况等。

如何更好地使用“职业信息网”政府网站：前面提到的打印版的“职业信息网”职位描述要比政府网站上提供的更有帮助，所以，要先使用打印版资源，然后再考虑从“职业信息网”政府网站中获取更多更详尽的信息，以便确认自己在面试或求职简历中需要用到的关键词。

搜索岗位名称

本表格将会帮你记录下与某个大类相关的具体某个岗位名称。刚开始时，请先记下在《职业前景手册》中最接近你工作目标的工作名称。如果你对更多的《职业前景手册》工作名称感兴趣，可将此表格进行复印。

《职业前景手册》工作大类：

“职业信息网”相关岗位名称：(详见附录)

____

____

____

____

来自某大型在线招聘网站的相关岗位名称：（因为岗位名称可能有很多，所以只需列出你最感兴趣的岗位名称即可。）

____

____

____

____

划出你想要从事的岗位名称：回顾你列出的岗位名称，划出那些你最想去从事的岗位名称。然后，划出一个或几个你很感兴趣但需要付出额外的努力才能获得的岗位名称。这些划出的岗位就需要你从职业参考书籍或其他资源中去了解更多的内容。

钱很重要

节省每一分钱

规划未来可不容易，这种规划的一部分就涉及存钱的问题。在我们生活中，需要或想要的东西有太多太多，想要把工资积攒下来需要我们的意志力和认真的规划。但是，尽管我们能预测今天会把钱花在何处，但是我们却不知道将来在什么地方上会用到钱。不管是为了应对失业、家庭度假开支还是意外情况的医疗救治，要想在将来有足够的财力应对这一切，就要竭尽可能地合理地省钱。大多数理财顾问都会建议你从年轻的时候就开始存钱。存的越早，攒的自然也就越多。当然，仅仅存几分钱可远远不够。但是，如果在接下来的30年中，你每月只需存100元，并按5%的利息计算，最终你的名下将会有100 000元的存款。（当然，现在你决不能仅靠储蓄账户上赚到的那些利息来攒钱。）

除了岗位名称以外，这个岗位还有很多信息需要你去了解

在职业选择时绝非仅仅考虑职位名称这么简单。例如，假设你正打算在会计行业找份工作，但却对服装设计很感兴趣，你会考虑找一份能将两者结合在一起的工作吗？又比如你的工作目标是成为一名电脑维修工，但同时你又很喜欢之前所从事的销售工作，你会因此找一份二者兼顾的工作吗？事实上，的确有很多工作能将电脑维修与销售结合在一起。

此外，在你找工作时还应该考虑其他的一些个人喜好。例如，你是想换个地方工作还是更愿意在离家近的地方工作？你对这些问题的回答将极大地影响你的求职结果。

任何工作都需要你做出一定的让步，但事先考虑好个人的喜好非常重要。因为，这么做可以帮你认清自己究竟看重工作的哪些因素。

许多专家对求职者在找工作时所考虑的因素进行了大量分析。我把这些研究成果运用到下列问题中，这些问题与确定求职目标一样重要。请完成以下题目，并根据答案来确定自己最强烈的求职意愿。

你想发挥自己哪些具有适应性、迁移性并与工作相关的技能？

确定适合自己的工作目标时，有一点很关键，那就是要了解自己的专长，并知道在下一份工作中想要用到哪项专长。对于求职者来说，本书的第3章的内容能让你清楚自己在下一份工作中将使用哪些技能和能力。请再次参阅第3章，回顾你喜欢展示并擅长的技能和能力。

你最擅长的5项技能和能力

请列举5项你最想在下一份工作中使用的技能和能力：

1. ______________________________
2. ______________________________
3. ______________________________
4. ______________________________
5. ______________________________

你最想在工作中施展的兴趣爱好是什么？

结合自己的教育和培训背景，你应该已经明确自己所感兴趣的工作是什么了。当然，可能还有其他让你希望将兴趣与工作结合在一起的活动，如课外活动、业余爱好、休闲娱乐、家庭生活等等。

你最感兴趣的5项爱好

请列举5项你最想在未来工作中施展的兴趣爱好：

1. ______________________________
2. ______________________________
3. ______________________________
4. ______________________________
5. ______________________________

你想与哪种类型的人共事？

与谁共事、为谁工作是决定你是否喜欢一份工作的重要因素。如果你曾经为迂腐的上司工作过，或是曾经与同事关系不融洽，那你就更能体会到这一点。

如果你还没有考虑过这个因素，下面这份表格会对你有所帮助。请回忆一下以前的经历(包括学习、工作、参军及志愿者工作等)，以及在这些环境下你所接触的同学、同事等。

与你一起共事的人

写出曾经的同事或上司身上存在的让你反感的负面品质，并列举出与之对应的你希望在他们身上看到的正面品质。

消极的品质	积极的品质
________	________
________	________
________	________
________	________
________	________
________	________

填完表格后，请再次确认在下一份工作中你想与哪种类型的人一起共事，然后选出5项你认为最重要的品质。

你愿意从同事身上看到的5种品质

根据上表，按照重要性依次列举出你认为最重要的5种品质。

1. ________
2. ________
3. ________
4. ________
5. ________

钱很重要

利滚利

简单地说，利息是指借款人因使用出借人的钱而支付给出借人的报酬。买房买车的贷款会由银行收取利息，银行也会因使用客户存入银行账户的钱而向客户支付利息。信用卡公司会为客户近期的疯狂购物买单，但前提是客户会偿还所有借款，并且通常会支付利息。投资的关键在于存款(或是储蓄)时能获得最高利率，并争取以最低利率借款(类似于按揭)。同样，银行计算复利(也就是对已有利息支付利息)的方法不同，收益率也会大不相同。

你想挣多少钱——你能接受的薪资水平是多少？

“钱并不重要”这句话说起来简单，但事实上钱很重要。对于事业刚刚起步或者低收入者来说，收入尤为重要。钱并非意味着一切，但却是职业规划或寻找工作时必须考虑的重要因素。权衡钱和其他各种因素能帮助你更好地作出职业选择。

你能接受的薪资范围

薪酬很重要，但却是相对的。要知道因为薪水作出妥协是经常的事情。所以，除了知道自己想要多少报酬，还应该提前知道你能接受的薪金范围。以下几个问题可以帮助你明确自己可以接受的薪金范围。

1. 假设你找到一份任何方面都很完美（或令人向往）的工作，那么你能接受的（每天、每月或每小时）的最低薪酬是多少？
2. 假设你已有足够的资格并符合其他条件，你所期望的最高薪酬是多少？
3. 为了追求自己渴望的生活（不管这是种怎样的生活），你需要多少收入？
4. 在下一份新工作中你所期望的薪水是多少？

如果一份工作薪酬较少，但其他方面都很令人满意，很多人会接受这份工作；或者当求职者急于解决温饱时也会选择接受低薪的工作。只要有可能，我们都希望自己的工资更高。现实一点讲，你的下一份工作的薪酬应该介于你所期望的最高工资与最低工资之间。

你愿意承担多少工作责任？

在大多数公司里，愿意承担更多责任的人通常薪酬也会较高。更高层次的工作责任通常需要你去管理他人，或者作出有影响力的决策。工作进展不顺时，担负责任的人员同样也会因职责履行不力而受到责任追究。有些人愿意承担这种职责，也有一部分人不愿承担，这都可以理解。回答下列问题以判断你乐意承担多少责任。

你愿意承担的职责层次

回答下列问题以判断你乐意承担多少责任。

1. 你喜欢受他人管理吗？__________
2. 你擅长管理他人吗？__________
3. 你是否愿意在与他人共同承担责任的团队里工作？__________
4. 你喜欢独立工作，还是在他人的指导下工作？__________
5. 请写出在某一组织内自己为他人承担责任方面，你对自己的评价。__________

成功的技巧

值得信任

2 月份萨拉已经有 3 天没来上班了，1 月份也请了 4 天假。照这样下去，她全部的假期在夏季之前就会被用光。她的请假理由很合理——患了流感、汽车抛锚、女儿生病、有线电视修理人员要来家里。但是上司已经开始对她产生了怀疑。萨拉已经错过了一次重要的会议，上司担心这种趋势会持续下去。如果你是萨拉的上司，你会如何处理？为了重新得到上司的信任，萨拉应该怎么做？

你喜欢在大企业还是在小企业上班？

你喜欢在多大规模的公司工作？大企业（拥有500名以上员工）通常会为员工提供更优越的薪酬和福利，小企业的员工则有更多的学习机会和更快的晋升速度。小企业为社会解决约75%的劳动力就业问题，是提供就业岗位的重要来源。然而，很多大企业都设有较小的工作机构或地方办事处，感觉更像一个小企业。

你喜欢的企业规模

请在以下空格处写出你喜欢的企业规模并给出原因。

____

____

____

____

____

你希望在哪从事下一份工作？

尽管就业机会受到很多条件的限制，但我们有足够的理由待在现居住地，除非你确实想换个地方工作或生活。如果你决定继续待在现居住地，那么仍然有一些区位因素你需要考虑。例如，你希望上下班的路程有多远？或者在城市的哪个区域工作更合你的心意？

如果你想继续留在现居住地但想换份工作，那么明智之举是要把主要精力花在当地的招聘广告上。如果你想换个地方，则不要处处撒网寻找工作，而是应该把目标锁定在几个关键的地区，把精力集中在那儿。

如果你想离开原来的住所，且不介意在哪生活，那么试着列举出你目标居住地的特征，以此来缩小范围。例如，假设你希望住在海边的中等规模城市，该城市四季分明并且冬季温暖，这样就能排除很多地方。或者你的想法很简单，只是想离父母近些。条件越多，你能选择的地方自然也就越少，找工作的目标范围也更精准，找到自己喜欢的工作的几率也就更大。

有个简单的方法，就是考虑一下你曾经居住过的地方，想一想你喜欢和不喜欢这些地方的理由。

你曾经去过的地方

请列举出你曾经去过或生活过的城市、地区或国家，哪些让你印象尤为深刻，并且分别写出每个地方让你喜欢以及不喜欢的理由。

地 点	喜欢的理由	不喜欢的理由

以上表格可以帮你确定目标工作地具有的特征，你也可以去图书馆或者上网查询你正在考虑的特定区域的信息，或者了解一下你的工作意向地的信息。

你所喜欢的地区

1. 你曾去过的最具吸引力的城市、地区或国家是哪里？________
2. 你更喜欢住在市区、城郊还是乡村？________
3. 你更愿意在自己的家乡还是在一个完全陌生的地方工作？________
4. 请列举你希望在哪些区域工作。________

工作天地

工作岗位所分布的行业

在过去的几十年里，美国经济已经从商品生产型转向服务供应型。因此，与其他行业相比，服务业的岗位需求量会大大增加，尤其是在教育和医疗卫生服务行业。这也就意味着老板们会更加看重综合技能，例如良好的客户服务技能和较强的书面与口语交际能力。

你喜欢什么样的工作环境？

你喜欢室内工作还是户外工作？喜欢热闹还是安静的工作环境？我本人更喜欢在有窗户的大楼内工作，偶尔可以起来活动一下，每天有各种需要处理的工作。尽管大部分人可以忍受各种不甚理想的工作环境，但是工作环境问题却会比其他因素给我们带来要多的困扰。

同样地，找出曾经的工作环境中你所不喜欢的地方可以帮助你确认自己真正喜欢的工作环境。想想你曾经就读或工作过的所有地点，并写出对这些环境中不满意的地方。然后，写出与之对应的优点。列出所有工作过的地方并完成该表格后（如果需要请另附表格），请选出对你尤为重要的5种环境因素。以下列举了一位会计对自己在国税局的工作环境所作的记录。

工作或地点	不满意的方面	喜欢的工作环境
国税局的会计	太嘈杂	安静的工作场所
	工作单调	工作更加多样化
	没有窗	拥有属于自己的窗户
	无停车场	可以更多地活动
	长时间坐着	与客户联系更多
	并不以人为中心	增加户外工作时间
	一直在室内	在小部门工作
	部门太大	

请完成以下表格，以便进一步了解你不满意的工作环境。

你经历过的环境

请列举出你曾经就读或工作过的地点，并写出对这些环境中不满意的地方，然后列出与之对应的优点。

工作或地点	不满意的方面	喜欢的工作环境

完成以上表格后，请考虑哪5个环境因素对你尤为重要。

你喜欢的工作环境

请在以下画线处写出你对下一份工作期待的重要因素，首先列举最重要的因素，然后按照重要性依次列举出其他因素。

1. ____________________
2. ____________________
3. ____________________
4. ____________________
5. ____________________

你想自雇还是为别人打工？

有10%以上的从业者拥有自己的产业或实现了自主创业。如果你对此感兴趣，可以找一份工作，为今后实现自我创业而学习技能、积累经验。

你更希望为别人工作还是自雇

请你在以下空白处写出长期内和短期内的计划，是希望为别人工作还是希望实现自雇。

____

____

____

____

____

____

工作天地

何谓自雇？

自雇意味着为自己工作而非为他人打工。比如说，自由撰稿人就是为自己工作；他们为其他公司独自撰稿。目前有10%的美国人的工作属于自雇。事实上，全国有至少2 300万个私人企业。很可能你想要的工作就是自雇型的工作。

哪些价值对你很重要?

你的价值是什么?我曾经为一家公司工作,而我在那的唯一原因是为了赚钱。这并没有错,但是我希望投身到自己所信仰的事业。例如,有的人工作是为了帮助他人,有的人是为了净化环境,有的人是为了建造楼房、制造机器,有的人是为了赢得权力或声望等等。如果做得好,每份工作都有它的价值,因此我们要讨论的问题是什么样的工作对你最重要。

尽管钱对大部分人来说很重要,但盖勒普调查发现,人们普遍认为就职业满意度来讲,与工作自身紧密联系的因素更为重要。工资较低的人认为薪酬是最重要的,然而,认为"高收入"会影响工作满意度的人只有56%。在该调查中人们认为有10项因素影响我们对工作的满意度,其重要程度超过了"高收入"。

影响工作满意度的因素	百分比
医疗保险及其他福利	80%
对工作的兴趣	78%
职业安全性	78%
学习新技能的机会	68%
一周以上的年休假	66%
能够独立工作	64%
来自同事的认可	62%
按时上下班——周末或者晚上不加班	58%
能够帮助他人	58%
适度的工作压力	58%
高收入	56%

以下表格展示了《研究与预测》一书中的调查结果。在该项调查中,被调查者需要从可供选择的因素中选出他们看重的因素。下表中的数据显示了被调查者的选择情况。该项调查表明教育程度低或薪资较低者认为钱更重要。但50%以上的高中生及以下学历者则认为有些因素比薪水更重要。

可供选择因素(选两项最重要因素)	高中及以下学历	本科、专科	研究生
薪水	46%	42%	29%
独立程度	31%	35%	40%
良好的工作条件	30%	23%	17%
容易相处的同事	29%	24%	19%
工作自豪感	25%	32%	43%
对集体的贡献	11%	14%	23%
重要的职业发展机会	10%	15%	19%

工作种类以及同事对你的工作满意度一直要比薪水重要。正因为如此,明智之人找工作前会花时间考虑一下想从工作中得到什么。以下表格列举了一些在工作中很重要、容易让人获得满足感的一些价值。

你最看重的工作价值

请浏览每一项价值，并考虑它对你的重要性。如果你认为这项内容对你下一份工作将具有重要意义，请在其前面画钩“√”。

☐ **晋升**：在工作中有机会参加培训，积累经验，并且有加薪和晋升的机会。

☐ **冒险**：能够有机会体验新鲜事物，承担风险。

☐ **艺术创新**：在写作、戏剧、艺术、设计及其他任何领域有所创新。

☐ **保持忙碌**：工作能够让我觉得非常充实，不感到无聊。

☐ **美感**：工作使我觉得享受并充满美感。

☐ **多变性与多选择性**：经常变换工作职责或工作环境。

☐ **竞争**：工作任务有明确的目标或对手，进而会有明显的成果。

☐ **激情**：充满激情地工作。

☐ **空闲时间**：有充裕的时间陪家人、休闲或是参与其他活动。

☐ **创新**：形成有创意的构思、计划或其他有新意的内容。

☐ **帮助他人**：以个人或团体的形式直接帮助他人。

☐ **影响他人**：为更加美好的世界做贡献。

☐ **学识**：获得知识、真理和理解力。

☐ **独立决策**：有机会制定策略并决定行动进程。

☐ **道德满足**：能够感受到自己的工作符合一系列重要的道德标准。

☐ **对体力的考验**：工作对身体素质要求很高，并且能从中受益。

☐ **权力与权威**：有权控制他人的工作，担任经理或主管职务。

☐ **接触外界**：每天与外界有大量接触。

☐ **高品质**：所做工作符合高标准、高品质。

☐ **赏识**：因工作优秀而受到赏识。

☐ **安全感**：有十足的把握能长久地保住工作，不用担心失去它。

☐ **成就感**：工作可以让我感到正在做的事情有价值，有意义。

☐ **稳定性**：可以预见工作职责在很长一段时间内不会变动。

☐ **地位**：在工作或团队中受到他人的敬仰，或者因为在团队中的工作或职位重要而受到赏识。

☐ **教授与指导**：可以教授或指导他人。

☐ **团队合作**：与团队成员关系紧密，为共同目标一起努力。

☐ **时间自由**：工作时间弹性大，可以自主掌握时间。

☐ **其他价值**：写出你认为重要的或在你的职业规划中包含的其他价值。

____

____

____

对你来说最重要的价值

参照上述表格，选出你认为最重要的5种价值，按照重要性递减的顺序填写在以下空格处。

1. ____________________
2. ____________________
3. ____________________
4. ____________________
5. ____________________

工作天地

谁为你的健康负责？

研究显示，1/3的美国人长期过度工作。他们中很多人愿意放弃一部分工资去休假。大部分美国人并没有享受到应得的全部假期。证明自己是一个勤奋员工是得到理想工作的关键，公司如何正确平衡工资与工作量的比例也是至关重要的。如果48岁时因压力过大导致心脏病突发或生命垂危，你将不得不提早退休。

你希望在哪一领域工作？

你想为之工作的公司很可能属于国民经济的以下四大领域。如果你想受雇于人，你会选择在哪一领域工作：政府部门（包括学校）、非盈利性机构、盈利性企业或公司还是军队？

你希望的工作领域

请在以下空格处描述你对在每一领域工作的感受。

1. 政府部门：____________________

____

2. 非盈利性机构：____________________

____

3. 盈利性企业或公司：____________________

____

4. 军队：____________________

____

你想在哪一行业工作？

虽然大多数人找工作时会考虑自己的技能、能力、兴趣、经验和价值观等因素，但大部分人却忽略了对行业这个因素的考虑。然而，行业的重要性并不亚于自己所选的工作，原因有很多，以下仅列举较为重要的几点。

- **同样一类工作，有些行业薪酬更高。**假设你想从事仓库管理或文书方面的工作，如果你真的做了这一行，你就会知道医药制造业中这种工作的工资要比纺织和食品加工行业中同样工作的工资高很多。两个行业的这种工作差不多，但工资却迥异。如此一来，你的生活会大大不同。
- **有些行业风险更多，稳定性较差。**有些行业在经济景气时，雇用较多员工，经济萧条时，则会裁员。由于科技发展或其他因素，有些行业发展迅速，有些行业正在走下坡路，有些甚至被迫转行。如果你希望工作环境更稳定，避免为失去工作而担心，那么你在找工作时应该首先考虑行业的稳定性。
- **有些行业对你来讲更有趣。**有些行业会因为多种原因而吸引你，或许这些正符合你的价值观、所受教育或培训及其他许多因素。选择自己喜欢的行业与选择岗位一样重要。

根据以下表格所提供的信息，考虑你所喜欢的行业。

行业列表

以下列举了45个主要行业，涵盖了劳动力市场的大部分行业。在你感兴趣的行业前画钩。

产品制造业

自然资源和建筑业及公用事业

☐农业、林业、渔业　☐矿业

☐建筑业　☐公用事业

制造业

☐航空与零部件制造　☐汽车及零部件制造

☐非药物性化学制品的生产　☐药品生产

☐计算机及电子产品的制造　☐印刷业

☐食品生产　☐钢铁制造业

☐机械生产/制造　☐纺织品、服装制造

服务业

商业

☐汽车经销商　☐百货商店

☐服装、饰品及日常货物商店　☐批发贸易

交通

☐航空运输　☐铁路运输与仓储

信息

☐广播 ☐出版业（软件除外）

☐软件发行商 ☐电影与电视领域

☐电信行业

金融业

☐银行 ☐证券、商品及其他投资

☐保险

职业与商业服务

☐广告与公共关系服务 ☐管理、科学及技术咨询服务

☐计算机系统设计与相关服务 ☐科学研究与发展服务

☐就业服务

教育、医疗与社会服务

☐儿童日托服务 ☐医疗服务

☐教育服务 ☐社会救助（不含儿童日托服务）

休闲与酒店业

☐艺术、娱乐、消遣 ☐宾馆及其他住宿

☐饮食服务与饮水处

政府与宣传组织、慈善机构、民间组织

☐宣传组织、慈善机构与民间组织 ☐州政府及地方政府（不含教育机构与医院）

☐联邦政府

以上表格可以帮助你很快确认自己想深入了解的行业。请回顾这些行业并在旁边做标记，并在以下空格处写出你在找工作时首先考虑的3个行业。

你最想了解的行业

1. ______________________________
2. ______________________________
3. ______________________________

政府出版物《行业就业指导》一书中提供了主要行业的详细资料。这本书的详细信息可从www.bls.gov/oco/cg/网站中查到，或者您可以从JIST出版社发行的《40个最有前途的就业领域》一书中找到。行

业描述所包含的信息让每一位求职者都受益匪浅，这些描述包括：行业性质、工作条件、就业情况、职业岗位、培训与晋升、收入、工作前景以及附加信息来源。

工作天地

影响工作安全性的因素是什么？

大多数人在找工作时都会考虑工资、工作前景或这份工作是否符合自己的技能、兴趣等因素，却忽略了某些岗位的危害和隐患。工作环境，特别是会对从业者身体健康造成影响的环境，对于职业选择来说至关重要。以下是美国劳工部统计局列举的十大最危险的工作：伐木工、渔夫、飞行员与航海员、金属铸件工人、流动商店司机兼售货员、屋顶修理工、电工、农场工人、建筑工人以及卡车司机。

以下是最大限度地从行业描述中获取信息的3点提示：

- **在描述内容上做标记。**圈出或是划出你认为重要的描述内容，例如工资标准、所需技能、教育或培训背景。
- **在面试和简历中提及你看中的要求和条件。**在目标行业找工作时，向老板展示你的所学并强调你的期望和要求。例如，你是否具备这一行业所需的技能或其他特征？你是否具有相关的兴趣、经验、培训或教育经历？为了展示你对行业的了解程度，能否谈一谈该行业的发展前景？把你认为在面试或将简历中有用的内容记录在空白处。
- **考虑该行业的薪酬、发展趋势及其他因素。**之前我提到有些行业的薪酬高于其他行业。因此，要考虑在薪酬较高的行业工作，假如你对该行业兴趣浓厚的话更要如此。当然，也要考虑行业发展趋势、稳定性等其他因素。例如，与极易受经济形势影响的企业相比，政府部门的工作要更加稳定。

更具体的行业目录

《北美行业分类体系》(NAICS)提供了具体的行业名录。美国政府创立这一体系是为了更好地对1 100多个行业进行管理。在该体系内，可以先找到行业群，然后顺着这一行业群找到更加具体的行业，它可以帮助你在感兴趣的主要行业内发现许多工作机会。想要获取更多信息，请点击：www.census.gov/www/naics.html 或 http://stats.bis.gov/bls/naics.htm。这一体系每五年更新一次，2012年完成了最近一次更新。

即使你已经明确自己想找何种工作，你可能并没有考虑到与之相关的一些岗位。例如：假设你正在学习医学技术专业课程，你可能对自己想要谋求的岗位非常了解，但是你清楚那些与之相关的职位和行业吗？你对工作环境、周围同事及机构规模是否了解？在合适的行业找到合适的岗位将会在薪资或者在其他方面令你更为满意。

不论你现在处于何种境况，你都会从这一章中受益匪浅。了解自己的职业选择对以后进行长远的职业规划非常有用，可以帮助你找到最适合自己个性与需求的工作。

你认为最重要的5大因素

根据你刚才填写的与工作相关的喜好，请选择在下一份工作中你最看重的5项因素，包括：

- 灵活性、适应性强且与工作相关的技术与能力
- 兴趣
- 同事类型
- 收入
- 责任
- 公司规模
- 地理位置
- 工作环境
- 自雇还是受雇于人
- 价值
- 部门
- 行业

最重要的五项因素

请列举五项你在找工作时最看重的因素。

1. ______
2. ______
3. ______
4. ______
5. ______

你已为开始找工作做好了准备

如果你已经阅读完本章内容，你就了解了自己想找的职业与岗位。这两章的内容可以帮助你开始着手找工作。在下一章中，我将与大家分享最有效的求职方法及如何最有效地使用其他求职方法。

案例：做自己喜欢的事情

麦克斯5岁的时候就开始为父母做早餐。尽管他做的吐司和粥都有些过火，但这件事却激发了他对烹饪的热情。16岁时，麦克斯承担了家里大部分煮饭的任务，他也会邀请自己的朋友和邻居们来品尝他烧的新菜。他在高中时积极参加学校开设的厨艺班并在当地的一家面包店里实习。这些经历让他更加确定自己未来要从事烹饪方面的工作，他坚信总有一天兴趣会转变成未来从事的职业。

麦克斯认为工作的乐趣源于对工作的热爱。“并不是每个人都喜欢烹饪，”他说，“但每个人肯定有自己喜欢做的事情。问题的关键在于找到与自己兴趣相一致的工作。”麦克斯决定在两年的面点师工作后继续花两年的时间在专业学校学习烹饪。麦克斯希望能开一家属于自己的餐厅，目前他正在向这个方向努力。

第5章

求职要有条理

在你开始严肃认真地求职之前，首先要理清头绪。本章会介绍如何系统地安排求职时间，整理求职材料和信息。一旦做好了实质性的求职准备工作，你就能更好地运用本书所推荐的求职方法了。

科学规划时间，获得理想结果

> “不懈的努力，而非力量和智商，才是打开你潜能的钥匙。”
>
> ——利亚尼·卡迪斯

首先，从收集求职信息开始就要学会管理时间。本部分内容将帮助你合理规划时间，以便能在更短的时间内获得更多的求职面试机会并进一步找到理想工作。

经历的面试越多，找工作过程所持续的时间就越短

一般求职者每周只参加几个面试。照这种速度，通常需要三四个月才能找到工作。因此，如果想要在更短时间内找到工作的话，你就得努力争取更多的面试机会。

看看下面的表格。它表明了一般求职者找到工作需要参加的面试次数。

求职者平均需要多少次面试才能找到工作？

每周面试次数	×	未就业周数	=	面试总次数
2	×	12	=	24

答案：找到工作需要12周，24次面试。

成功技巧

勤奋

下午5:05分，帕特里克正要关灯，准备下班回家。这时候他注意到有个同事还在努力地做最后的归档工作。他应该悄悄溜走还是主动提供帮助？

你花费的时间越多，就会得到越多的面试机会

一般求职者平均需要大约12个周、24次面试才能找到工作。很多人在更少的时间内找到工作，也有人需要更多的时间。平均时间随着失业率上升或下降而波动。失业率高的时候人们往往需要更多的时间寻找工作。然而，不管失业率怎样，有更多面试机会的人，找到工作所需的时间总是要少于平均时间的。

用较少的时间找到工作的关键就是每周去获取更多的面试机会。想要有更多的面试机会需要你花更多时间搜集工作信息。一般求职者每周只花15小时去找工作，所以待业的时间比较长。你愿意每周花超过15个小时的时间去寻找你的下一份工作吗？如果是，这一章就教你如何合理安排时间获取更多面试机会。而且教你如何把找工作本身当成工作。从某种意义上说，求职就是一种工作，所以开始行动吧。

建立你的求职办公室

把求职当成工作的话，你需要有工作的场所。通常可将家中的某个地方腾出来作为你的求职办公室。以下是帮你建立求职办公室的一些建议。

基本办公设备

大多数办公室需要这些基本设施：

- **电话**：电话是找工作的基本工具。如果你自己没有电话，设法在有电话的朋友或者亲戚家里建立你的“求职办公室”。
- **基本家具**：你需要一张写字桌、一把椅子，以及足够的存放资料的空间。
- **安静的场所**：正如正式工作中那样，你必须有一个你可以全神贯注的地方。如果你有孩子，“办公”时间安排别人照看他们。让家人或朋友在此时间段不要因为个人问题跟你联系。最好选一个不会有人动你资料的地方。
- **能上网的计算机**：如果你有计算机和打印机的话，先把它们安装好（后文将加以详述）。

可能需要的其他办公物品

除了基本需求以外，你可能还需要这些物品：

- 几只好用的蓝色或黑色钢笔
- 铅笔、橡皮
- 带线格的纸张，用于记事、记录联系人名单或其他用途

- 复印纸(打印机用),信纸和信封
- 3 英寸 ×5 英寸卡片,用作工作信息卡(本章节随后谈及)
- 3 英寸 ×5 英寸带隔断的卡片档案盒
- 感谢函及信封
- 简历和 JIST 求职简卡的复印件
- 商业尺寸信封
- 邮票
- 电话黄页簿
- 日报报纸
- 日历和计划日程
- 职业推荐书和其他书籍

还需要哪些东西?

在此列出:

____

____

____

____

____

____

____

____

____

____

安排求职工作日程

求职第一周的周二上午你会做什么?你每天都有找工作的安排吗?大多数求职者没有计划,这也是他们求职效果不佳的一个原因。

记住找工作也是你的工作。如果你想在较短时间内找到好工作,你应该做出每日计划与每周计划,并且持之以恒。采取下列步骤做一个每周求职计划,对你来讲意义重大。

第1步：确定你愿意每周在求职上花多少个小时

想想你每周愿意花多少小时找工作。我建议你每周至少花25个小时，因为一般求职者每周花15小时找工作，25小时远远高于平均数。花更多时间找工作的人往往也比那些花时间较少的人先找到工作。不管你决定花多少个小时，记住你花的时间越多，你就越有可能在更短的时间内找到你想要的工作。

写出你打算每周在找工作上花多少个小时：＿＿＿＿＿＿＿＿

如果你不能用全部时间找工作

本章假定你差不多会花全部时间求职。但是如果你目前有工作，或是在校生，或有其他职责，这显然会缩短你能够花在找工作上的时间。你该尽你所能，把本章的技巧用于你的实际情况。而且时间安排要有创造性：告诉更多的人你在找工作；发出更多的JIST卡和简历；把面试定在早上或午饭时间，也可以挤出其他时间去面试。

第2步：确定每周的哪几天出去找工作

确定每周利用哪几天出去找工作。因为大多单位都是周1至周5上班，这些工作日才是你求职的好日子。参照下面表格的第一栏，勾选出你打算求职的日子，暂不要在其他栏中做标记。

求职日期、小时数和时间段

√	日期	小时数	时间段
□	周日	＿＿＿＿	自＿＿＿＿至＿＿＿＿
□	周一	＿＿＿＿	自＿＿＿＿至＿＿＿＿
□	周二	＿＿＿＿	自＿＿＿＿至＿＿＿＿
□	周三	＿＿＿＿	自＿＿＿＿至＿＿＿＿
□	周四	＿＿＿＿	自＿＿＿＿至＿＿＿＿
□	周五	＿＿＿＿	自＿＿＿＿至＿＿＿＿
□	周六	＿＿＿＿	自＿＿＿＿至＿＿＿＿
	每周求职	＿＿＿＿	

第 3 步:细化每天找工作的小时数

你选择每天花几个小时找工作? 把它写在上面工作表的第二栏。例如,如果你周一去找工作,你可以决定当天花 6 个小时,然后就在小时数那栏里写 6。照此方法,完成表中第一栏打钩条目所对应的"小时数"一栏。在那栏最下面写出每周求职总小时数,它应该跟你在第一步中写下的小时数相等。当然比第一步中写下的多也没关系,如此的话,回头把第一步中写的数字改一下。

第 4 步:确定每天找工作的具体时间段

如果你打算每个周一花 6 个小时找工作,是哪 6 个小时? 例如,你决定找工作的时间是从早上 8 点开始到中午 12 点(4 个小时),留出一个小时吃午饭,然后从下午 1 点到 3 点(2 个小时)。照此方法,确定你每天找工作的时间段,并填入上表第 3 栏。

第 5 步:确定每天的目标并记录在每日求职时间表上

现在你已决定哪些天哪些时间段去找工作。但你还需要计划每天要做哪些活动? 你需要一个每日计划去充分利用每一小时。参考以下的"日求职时间表"示例。你的日程表或许看起来有所不同,但是你在做每日计划时可以借鉴其中的某些做法。

"日求职时间表"示例

这个日程基于我做的一项历时多年的研究,目的在于发现如何做才能在各类求职中得到最好的结果。各类求职者的时间表安排有长有短,活动内容也不尽相同。比起使用了其他任何时间表进行求职的人来说,利用如下时间表的求职者在更短的时间内找到了工作。

上午 7:00——8:00	起床,淋浴,穿衣,吃早饭,准备"上班"。
上午 8:00——8:15	整理自己的工作空间。回顾一下面试日程和跟进安排。根据需要更新。
上午 8:15——9:00	重温后续安排提示。作出新的提示(招聘广告,黄页,网页清单,网上浏览等)。
上午 9:00——10:00	打电话,确定面试时间。
上午 10:00——10:15	稍作休息。
上午 10:15——11:00	写出更多的有关求职的邮件,再打电话,确定更多的面试机会。
上午 11:00——12:00	发送跟进邮件和感谢函,拨打电话跟进。
中午 12:00——下午 1:00	午饭时间。
下午 1:00——3:00	去面试,继续联系新单位。到图书馆、网络和当地就业服务部门查询可能的就业单位信息。
晚上	查阅求职书籍,发送邮件,打电话联系白天接触不到的热心推荐人,完善简历,跟朋友和家人一起运动、放松。

安排日求职时间表的四点技巧:

如果你记住以下技巧,你的时间表会更加有效:

- **确定每天的面试目标**:利用本章下文讲到的表格建立自己的求职时间表。建议你确定目标,至少每天得到一两次面试机会。许多人利用该书中介绍的方法每天能得到两次甚至更多的面试机会。这样设想面试:面试官乐意录用你这样的人,只是目前没有空缺职位。增加面试机会只是一个简单的步骤,但是对你能否在较短时间内找到工作意义重大。
- **假如自己会被拒绝**:得到工作之前,你很有可能被多次拒绝。大多数人不愿意被拒绝,但是你要相信每一次拒绝都会让你离得到工作更进了一步,所以,尽管听起来奇怪,但是你需要出去寻求"被拒绝"的机会,同时继续尝试提高你的交际和面试技巧。即使面试后你被拒绝,也要礼貌地以感谢函等方式进行跟进,因为老板或许会在将来为你提供一份工作。

  跟你不认识的人打电话进行"冷接触"以寻求面试机会,即使遭遇拒绝,对你来说也是有益的。大多数人害怕这么做,但是有些人却做了验证——10～15个这样的拒绝电话后,就能获得一次面试机会。大多人能在一个小时内打那么多的电话,所以,两小时的电话一般就可以确定两次面试机会。打15个电话才确定一次面试,意味着会受到很多次的拒绝。但是不给你提供面试机会的人在电话里通常非常友好,所以你经历的拒绝没有什么大不了的。

  准备好被拒绝。越多越好,因为被拒绝的次数越多,你就越可能接近目标。
- **要主动,不要被动**:只靠白天查阅求职书籍、撰写简历,你是不会得到面试机会并找到工作的。将这些事放到其他时间去做。白天集中精力,主动寻求面试。
- **求职日程要持之以恒**:在求职过程中,你的"工作"就是找到下一份工作。所以,把求职当成工作,每天要做一些具体的事情。这就是为什么要安排每天的日程并且要持之以恒的原因。把求职当工作,你会更乐意做事,比如联系陌生人、安排跟进等。如果可能,多安排去参加面试,少呆在求职"办公室"里。把个人问题放到"办公时间"外处理。

关于每日面试数的加法

每天面试一次,每月就是20次。每天面试两次,每月就是40次。

将这样的频率与平均每月参加面试不足8次的一般求职者相比,每天面试一次,每月总次数就是一般求职者的两倍多;每天面试两次,每月就是一般求职者的五倍。如果你得到更多的面试机会,你就可能在更短时间内找到工作,而且是你想要的工作,这是非常简单的道理。

第6步:制定自己的求职日程

现在你需要把自己的求职日程拟定出来并坚持照做。最好的办法就是预先把日程列出来。下面这份已经完成的"周求职日程安排表"展示了一位女士如何制作适合自己的每日和每周日程的。仔细研读此表,并找到一些灵感,来帮助你完成自己的工作表或电子日程表。

示例:周求职日程安排表

周工作日

时间	周日	周一	周二	周三	周四	周五	周六
8:00		制订计划					休息
9:00	查阅招聘广告	整理新旧求职信息卡					
10:00		打电话联系					
11:00		跟进,确定两次面试机会					
12:00	午餐	撰写并发送跟进函件					
13:00	上网查资料	制定下午计划,午餐					
14:00			去面试	投递简历	与惠特曼公司的丽莎约谈	下午休息	
15:00		完善简历	费舍尔兄弟公司面试		取简历		
16:00			对简历做最后修改		走访地方就业办公室		
17:00	晚餐						
18:00	阅读求职书籍						

思考一下到目前为止你学到了哪些信息是有助于你完成自己的“周求职日程安排表”的。如果你在使用纸质工作表,请复印一些空白的,提前填好几份,涵盖你一个月或更长时间的求职计划。或者你也可以建立电子计划表、日程本,或是利用其他的日程系统来安排自己的求职工作。

周求职日程安排表

周工作日

时间	周日	周一	周二	周三	周四	周五	周六
8:00							
9:00							
10:00							
11:00							
12:00							
13:00							
14:00							
15:00							
16:00							
17:00							
18:00							

商务礼仪

回电话

如何掌握回电话的时机是一件让人困惑的事情。如果你正在期待着一个潜在雇主的电话，而且你的来电显示上也提示你的确收到过他的电话，这个时候你会马上想给对方回电话。然而，这是不符合商务礼仪的，商务礼仪告诉我们：当对方给我们留信息要求回电话时，我们再回电话才是恰当的行为。所以，请等待对方再次来电并确保接听。

有助求职的其他表格和备案制度

下面这些表格和建议有助于你安排好求职工作。按照这里的建议，你可以制作一些表格，并给自己建立相应的备案制度。如果你能使用电脑、电子日程或者日程本的话，那么你就能够简单快捷地运用如下的建议。

求职向导卡

前面章节我们介绍到许多求职方法，运用这些方法你可能上百次地与人联系。单纯靠人脑无法记清这么多次的联系。那么，请看下面这些 3 英寸 × 5 英寸的卡片，根据这样的卡片，你能够轻松地找到那些在求职过程中给予过自己帮助的人的信息。如果需要的话，你能够把同类信息储存在电脑或日程表里。

那么就从购买几百张这样 3 英寸 × 5 英寸的卡片开始吧。给每一个向你推荐工作的人或者是用人单位制作一张卡片。在每次和这些人员交谈过后，都要在卡片上列出你们谈话内容的摘要，以备下次和他们接触时，你能记起一些重要的细节。下面给大家看一张卡片，请注意记录要简洁，但是要包括大量的细节，这样才有助于提示你发生过的事情以及提醒你在什么时候采取跟进措施。

用人单位：共有健康保险公司
联系人：安娜·托米
电话号码：(888) 888-8888
信息来源：罗斯阿姨
摘要：4 月 10 日打过电话，安娜在休假。要求我在 4 月 15 日再打电话。在 4 月 15 日约定面
试的时间是 4 月 20 日 13:30。4 月 20 日，安娜带我在公司逛了一圈，她们使用的电脑和我们
在学校里用的一样。寄送致谢函和 JIST 求职简卡。5 月 1 日回电话。5 月 1 日约定第二次面
试的时间是 5 月 8 日上午 9 点钟。

工作天地

找到一份你真正想要的工作会对健康有利吗?

工作疲劳症,正是这个原因使得你工作时打不起精神,典型的表现是:感觉乏力,疲倦,沮丧,有时甚至是绝望。国家职业安全与健康协会发现有40%的工作疲劳症是由压力引起的。工作疲劳症会对企业造成严重的后果,比如说降低生产力,严重影响职员个人健康,会引起偏头痛、免疫力下降、高血压和心脏病。然而,对于那些享受工作过程的人来说,他们患工作疲劳症的可能性要少得多。因此,找到一份你真正想要的工作的确对健康非常有利。

求职跟进文件盒或者一些类似的做法

许多百货商场和办公文具商店会有一些小文件盒,这种盒子能容纳3英寸×5英寸大小的卡片,并且贴有不同的标签。而买这些东西只需要花费大约10美元。

为每个月的每一天建立一个盒子,标注上1～31。做完这些之后,把写好的求职向导卡归档,放在写有你要采取跟进措施的日期的盒子里。在下面列出的三个情景描述里,说明了如何使用这种简单的追踪方法。

- 情景1:你知道了要打电话的人的名字,但是你现在不能马上和对方联系。那么就建立一个求职向导卡,并且把它归档放在明天的日期盒子里。
- 情景2:你与某人通过网络或者黄页联系,但是她这周比较忙,她告诉你两周后给她回电话,那么就把这个求职向导卡放在两周后的日期盒子里。
- 情景3:你与某个人面试,但是对方公司现在并不缺人。他给了你另外一家公司负责人的名字,那儿可能会缺人。随后你应该给此人发送一份感谢函和JIST求职简卡,为此你可制作求职向导卡并放在未来几周内的某个日期盒子里。

随着你在求职过程中接触的人越来越多,需要采取跟进措施的归档卡片也会随之增加。当你跟进以前联系过的人员时,你会发现越来越多的新向导卡。跟进以往的联系人是找到工作的最行之有效的方法之一。

在每个周一,简单地回顾一下归档在本周的所有工作向导卡。在本周日程安排上,给所有的面试或是你打算跟进的人员安排好具体的联系日期和时间。一天伊始,就把求职向导卡归档在当天。在"每日求职联系表"里列出你安排的所有预约和联络,这一点在下面会谈到。

> "跟进以往的联系人是找到工作的最行之有效的方法之一。"

求职跟进文件盒是一种简单经济又非常好用的方法。当然,你也可以利用电脑日程安排软件、电子日程安排程序、日程表或者个人数字助理,你可以使用任何对你而言好用的办法。

每日求职联系表

如果采用我建议的方法,每天你都会安排一到两次面试。要完成这些面试,每天必须联系许多人。有一些人你是第一次接触,还有一些人是对之前联系的跟进。

为了让你能够开始马上行动，我建议你每天首先在电脑里做一个“每日求职联系表”或者制作一个“待办事宜”列表。在这个表里列出至少20个要打电话的人或者单位。可以调用所有资源来获得这些求职线索，这些线索包括你认识的人、推荐人、黄页、网络和招聘广告。然后把列表多复印几份，或者在画线的纸上记录下来。下面是这样一个联系表的示例。

联系人 / 单位	推荐来源	求职向导卡	电话号码 / 电子邮件地址
1. 经理 /The Flower Show 公司	黄页	是	897-6041
2. 经理 /Rainbow Flower 公司	列出该公司网址	是	admin@rainbowflowers.com
3.Joyce Wilson/Hartley Nurserie 公司	John Lee	是	892-2224
4.John Mullahy/Roses，Etc. 公司	吉姆叔叔	是	299-4226
5. 未知 /Plants to Go 公司	招聘广告	是	835-7016

让我们提前看一下在第六章里学到的“学会使用最有效的岗位搜索方法”，在这一章里我会提到互联网络以及如何扩大联系人名单，也会讨论到如何使用网络和黄页来创造与企业联系的机会。这些信息能够提醒大家如何创造我们所需要的联系机会。

钱很重要

电脑的金融安全

网络使我们的求职方便快捷的同时，也带来了一些问题：我们的个人信息容易受到病毒、黑客、病毒虫的攻击。为了确保电脑的安全，你可以使用一些保密性强的密码、个人防火墙，以及定期使用最新版的杀毒软件。

现代信息技术助力求职

一台能够上网的电脑对于求职来说很重要。在你四处谋职的时候，电脑将帮你做出具有专业水准的简历和封面、写出得体的感谢信并与你的联系人取得联系。假如家中没有电脑，你可以借用附近的图书馆、学校或朋友的电脑。

电脑还可以帮你进行快速搜索。日历管理或联系人管理软件将提醒你近期的任务、约会和日程安排。如果条件允许，可以买一部便携式电子产品或智能电话，这会帮你方便地记录信息、安排时间。

你可以通过表格和图表（比如利用 Word 或 Excel 软件）来管理时间和联系人。你在本章中所看到的表格能用文字处理软件进行修改，非常方便。

网上能找到很多管理联系人和时间的软件，如微软 Outlook 或谷歌日历（www.google.com）。这些软件能帮助你科学地管理日程安排，提醒你重要任务及约会的时间。

如果你有一部智能手机或便携式电子产品，你就能科学地管理需要完成的重要任务。当前的智能手机能提供多种应用程序，帮你管理联系人、安排约会时间、设置自动提醒并管理日常活动。如果你拥有移动上网设备，你就能很容易地搜索到空缺职位并给招聘企业发送电子邮件，寄出你的简历和电子名片，并通过这些设备提醒自己接下来要参加哪些面试。请注意，可能你的电子邮箱和移动电话账户本身就附带免费的时间管理、日历提醒和联系人管理功能。所有这些技术软件能让你在找工作时不需花费太多时间和精力就能将一切安排得井井有条。

不管你是用传统的纸张还是用最新的 iPhone 软件来管理日程，只要你明确自己应该在何时、何地与何人进行交流，你就能跟上找工作的节奏。

关于如何管理日程的最后几点建议

多数人不太喜欢找工作的经历。确实，在这个过程中可能会遭到很多拒绝。为了避免被人拒绝，人们想方设法把求职的事情一拖再拖。

当然，在找工作时拖延时间只会延长自己的待业时间，或者会让你找不到自己真正想要的工作，所以，别轻易泄气。要知道，缩短求职时间的最好办法是科学地安排求职时间，要把求职本身当成一项工作。

求职是一项非常辛苦的工作，所以在求职期间要专门抽出时间来调整和放松自己。要相信，一定有一份自己想要的工作在等着你，而且这份工作离你并不遥远；也一定有一个需要你这种人才的老板在等着你！你一定能找到这个工作机会！当然，前提是你一定要出门去找！

完成职位申请表

我在之前的章节中提到，对大多数人而言，主动提交工作申请表并不意味着一定能找到工作。但即便如此，你还是应该提前准备好一份完整的申请表。申请表能让招聘企业了解你的信息。通常，招聘企业先要看完你的申请表才会决定是否要对你进行面试、是否要雇用你。尽管有些招聘企业还在使用纸质申请表，但通过网络提交电子申请表格已经成为求职主流。

招聘企业查看求职申请表的主要原因有：

- **快速筛选申请人**：申请表的主要功能之一就是帮助老板筛选员工。如果申请表中体现不出招聘单位需要的信息，他们将不会对你进行面试。有些申请者即使具备相应的资格，但假如填写的申请表信息不全、出现书写错误或者看上去乱糟糟的不成样子，一样会惨遭淘汰。有些求职者被淘汰出局的原因是申请表中填写的工作经验不足，还有一些被淘汰是因为申请表中申请的薪资水平过高。可能你有能力做好这份工作，但却没机会证明自己的能力。
- **了解基本信息**：对于老板们来说，申请表是了解求职者基本信息的有效途径，这些信息可能在你的简历和面试中并未涉及。一份完整的申请表可以充分反映你的情况，可以让老板们了解到许多面试中没有问到的信息。
- **帮助识别潜在的风险**：在面试前后，有些招聘企业需要进一步查看申请表，以此审查有意向聘用的员工是否存在问题。例如，如果在招聘面试中没有问到“是否有过犯罪记录”，但事实上确实有过这种经历，在填写申请表时你就不得不用撒谎（则将来谎言一旦被揭穿，就会面临被解聘的窘境）或不去填写这个问题（则警告招聘企业要进行彻底的政审）的方式来掩饰。
- **证明已达到法定要求**：招聘企业需要一份完整的申请表作为档案留存，申请表中可能需要你提供已经达到法定要求的正式证明文件或入职后需要统计的正式信息。例如，出于工作需要，老板们会要求你提供公民或永久合法居民身份。有时招聘单位也需要在特殊时候通过申请表了解你的紧急联系人信息。

总而言之，招聘企业查看申请表是为了进一步了解你。懂得如何填写申请表还将帮你更好地准备求职面试和求职简历，也能在求职面试中更好地回答那些潜在的风险问题并向老板展示他们所看重的关键技能。

仅仅填好求职申请表并不意味着一定会进入面试

确实，有很多人得到面试的机会是因为他们有一份令人满意的求职申请表。这一方面是因为他们可能遇到了不那么挑剔的老板，另一方面可能是由于他们所申请的工作仅仅是对薪水要求不高的入门级岗位。

但是，对大多数人来讲，仅仅填好求职申请表并不意味着一定会进入面试。所以最好要直接与老板面谈并提出面试要求。本书的第六章将告诉你如何去做。

在填写申请表时你应该知道什么？

要知道如何填写申请表才能避免被淘汰出局，还要知道如何填写才能帮助你申请到工作。

填写申请表的四个技巧

以下是我对填写申请表的建议。这些建议对于电子版和纸质版的申请表都很适用，在填写表格时一定要记住：

- **先练习填表。**在正式提交申请表前，作为练习，一定要至少填完一份电子或纸版表格。有时招聘方会多给你一份表格让你试填，当然你也可以向招聘公司多要一份表格。
- **按照提示填写。**在填表之前，先整体通读表格，了解需要填写的全部信息。在填写时要仔细阅读填表要求。比方说，如果对方要求你打印所有信息时千万不要用手填写。如果不照要求去做，你留给招聘企业的印象会很糟糕。
- **保持卷面整洁和信息完整。**仔细、认真地去填写每个项目。一份信息不完整的表格将给人留下不良的印象，表格中出现错字或语法错误同样会让人不悦。为了防止失误，最好要用可涂改的钢笔填表。
- **只填写正面、有利的信息。**多数申请表设计了一些能够反映应聘者负面信息的问题，如果你按照要求实话实说，你一定会被淘汰出局。如果表格中确实有个问题让你不得不反映自己的负面信息，那么不填比如实填写更好。因为你可以在面试时做出解释。

即使申请表中没有专门的地方让你填写自己的优点和特长，你一定要想办法在表格中提到这些信息。之前我说过一定要按照要求去填写表格，但在这一点上例外，因为能显示自己专长的信息非常重要，如果不提很有可能进入不到下一步面试。比方说，如果你的工作经历很有限，就要在工作经历这一栏中多填一些重要的义工或课外活动经历；即使表格中并没有要求填写，你还是要尽可能多列举一些能够证明你能胜任工作的技能、成绩和培训证书。

找到在线申请表

在许多国营公司(如西尔斯百货公司)的网站上会提供在线申请表。如果在招聘公司的网站中找不到这样的表格,可在其网站的搜索引擎中输入“招聘”或“人力资源”等关键词,一般就能找到这些信息。例如,在西尔斯的主网页 www.sears.com 中只能看到百货商品的信息,如果输入“招聘”就可以链接到 www.aboutsears.com/careers,在这个页面中你能看到公司的空缺岗位并可以在线填写申请表。

应对申请表中难点问题的八点建议

申请表格中有一些非常难以回答的问题,稍有不慎将可能会导致你被淘汰。记住,你永远都不要填写那些负面信息,永远不要在申请表上弄虚作假,因为这可能会导致你将来被解雇。

当前,有些法律对招聘单位在申请表和面试中可以询问应聘者的问题作了限定。但即便如此,可能有些招聘单位不熟悉这些法律,或者有些招聘单位仍在使用含有非法问题内容的老式申请表。如果遇到这种情况,你可以不回答这些疑难问题。下面让我们来回顾一下常见的疑难问题及应对策略。

- **工作空档期**:招聘单位想要了解你的全部工作经历。如果你在某个时间段上没有工作,他们就会表示怀疑。假如你有合理的理由解释这个空当期,一定要在申请表中明确说明。比如说,可以解释“抚养孩子”、“回学校充电”、“帮助亲戚开公司”等等。如果在空当期中为生计奔波,你可以说“自主创业”。在空当期中所做的事情是否与正在申请的职位相关?如果有,一定要把这个时间段上你所掌握的技巧或取得的业绩在申请表中做出说明。

小提示:

你可以将你开始和结束工作的日期以年份为单位进行填写,来模糊处理工作空档期。例如,填写“2009年至2010年”就不会被人发现你在2009年1月至7月时所处的工作空档期。

成功的技巧

尊重

昨天,米格尔无意中听到他的一个男同事正在跟其他人谈论周末计划,这位男同事提到要跟恋人一起出城度假。从他们的谈话中米格尔判断这个男同事是一位同性恋者。当天,米格尔的老板要安排他与这位男同事一起承担一项工作,米格尔断然拒绝。当老板问及原因时,米格尔只是回答自己不想谈论这件事。你认为米格尔的拒绝合乎情理么?

- **逮捕记录**:申请表中经常会问道:“你是否有过被逮捕的经历?”现行法律规定,只有在有重罪嫌疑时才能向当事人提问这个问题。有些公司会出于工作需要向应聘者提问此类问题,比如招聘会计人员和仓储保管员时询问应聘者是否有偷窃经历;学校招聘时询问应聘者是否有过猥亵儿童经历等。如果你仅仅是曾经被逮捕过但事后被判决无罪，请在申请表中填“无”。

- **残疾或身体、心理缺陷**：除非这些问题可能会妨碍你正常工作，否则这些问题就与招聘企业无关。遇到这种问题，你可以选择不填或者填写“无”。
- **调离前一个工作岗位的原因**：解释这类问题时应该填写一些正面的理由。如果是因为经济不景气而下岗，不要填“被开除”。最好填一些正当且中立的理由，比如说“回炉学习”或“想换一份职业”等，然后在面试时做出进一步解释。
- **缺乏经验**：如果你之前没有申请岗位相关领域的工作经验，在回答这个问题时要强调自己的其他优势。在工作经历这一栏中可以填写自己的义工工作经历，让“所得薪水”栏保留空白。同时你还可填写与工作相关的培训经历和技能等。
- **薪资要求**：对薪资的要求千万不要太具体。最好的办法是填写“薪资面议”或“可协商”，这样你就不会因为这个问题而被淘汰。
- **目标职位**：如果可能，界定希望获得的职位范围时不要太具体。例如，填写“办公室文员”要比“档案管理员”好得多。头衔和职责大多因地而异，对职位的描述过于具体将有可能把你挡在门外。
- **教育经历过多或过少**：假如你的学历条件远远超出工作要求或者你的所学专业与求职岗位联系不大，在填表时请不要强调自己的学历优势。假如某种工作通常对求职者有一定的学历要求，但你却不具备相应的学历条件，请填写“选修过相关课程”，不要提你尚未毕业。把这个问题留到面试时作出解释。

凭良知填表

有些人在填表时弄虚作假，这并不是高明之举。很多老板在发现真相后会直接炒掉这些不诚实的员工。更好的办法是遇到这种敏感问题时空着不填。如果你存在会在申请表中暴露的严重问题，那么可以考虑那些不需要填写申请表的工作。

记住，申请表对求职者大多弊大于利。当你填写完之后，不仅要确保它的真实性，还要确保尽可能地填写正面信息，不要填写任何会导致你被淘汰的信息。记住你的目标是为了得到面试机会而不仅仅是完成填写申请表的任务。

工作天地

上、下班的通勤时间意味着什么？

对于任何工作而言，一个需要考虑的重要问题是上班需要花费多长时间。美国人口调查局的统计表明，美国人平均每年用于上、下班通勤的时间是100小时，每人每天平均有25分钟花在了上、下班路上。假如有一份工作需要你在上、下班途中花费45分钟，即使这份工作条件非常优厚，你也要考虑这份工作是否值得牺牲自己陪伴家人和休闲的时间。除此之外，你还搭上了因通勤而产生的价格不菲的汽油费。实际上，企业在招聘员工时也会考虑通勤的成本。

招聘企业不会硬性要求求职者填写的信息

以下信息由一家专门受理劳资官司的律师事务所提供。在申请工作或面试时，因为受到反歧视法的约束，招聘企业一般在申请表中不会问及下列信息。

- 年龄或出生日期
- 之前的居住地址
- 现居住地、居住时间、房屋产权所属
- 种族、宗教
- 父母的姓氏
- 婚前姓氏及婚姻状况
- 子女数、子女年龄、监护人姓名
- 配偶姓名、工作单位、住址
- 父母姓名、工作单位、住址
- 贷款、债务、收入证明、个人财产情况
- 犯罪记录（除非有重罪嫌疑或职务犯罪）
- 在海外军队的服役经历，语种（除非工作需要）
- 曾加入的社会组织
- 教育经历
- 工作意向区域（除非工作需要）
- 国籍和出生地
- 退伍军衔
- 身高、体重、性别
- 健康状况和残障情况

填写工作申请或参加面试时，假如招聘企业要求你提供上述信息，请记住这是违反法律的行为。

求职测验和背景调查

申请工作时，有些招聘企业可能会让你进行几个测验。测验可能用纸笔作答，也可能用电脑作答。有些测验是为了测试你的忠诚度，有些则是测试你性格如何、是否友善以及与同事和上司关系是否融洽，也可以测试你的工作效率以及技能。在你被录用前，有些老板会要求你进行体检。有些测验是非法的，但有些测验可能帮助用人单位选择雇员。如果你喜欢这份工作，而用人单位要求你必须进行测验，那么你就要按照他们的要求去做，而且还要尽力做好。

有些用人单位会让你签一份协议，同意他们对你进行背景调查。这份协议通常会出现在申请表的最后。通过背景调查，用人单位可以了解你的犯罪记录和信用情况，从你之前的单位那里收集信息，印证申请表上的教育经历、培训经历等情况。同样，如果你喜欢这份工作，你应该尽力配合调查。

申请表样本

本章主要介绍两种申请表样本。一种是传统的纸质申请表，上面的信息与你将来真正申请工作时所填的表格内容基本一致。可以用铅笔或可擦写的笔练习填写。填写时一定要仔细、认真，确保日期、地址及其他信息完整无误。填完之后，你就可以撕下这张填好的申请表并在找工作时随身携带，以做参考。

另一种是可以在电脑上填的申请表。我把它放在这里，是为了让大家熟悉这种申请表。这种申请表比前一种简单得多，但你真正在线填写的时候，你会受到很多外界因素的干扰，周围的人群和噪音都会分散你的注意力。

请注意，你在线填写时招聘企业可能会借此观察你的表现和答案。如果二者都符合他们的要求，他们可能会立刻安排面试，也就意味着你离找到工作更近了一步。

钱很重要

借贷的本质

除了工作申请外，人的一生中还需要填写许多申请，比如贷款申请。有些时候，人的一生总要有几次借钱的经历。事实上，个人信用记录是在借贷—还贷的过程中建立起来的。不论你是要贷款买车、买房、交学费，还是做生意，贷款的本质都一样。借贷的关键是要明白一共要还多少，还多久，还剩多少，这样你就能算出月贷款额。借贷时头脑要清醒，要对比银行利率，尽可能选择合适的借贷项目，并且要经常研究那些让人头疼的合同条款。

职业申请表　　　　申请日期________

本公司将给予所有申请者平等的机会，在雇用过程或是聘用条件中没有任何个人种族、信仰、肤色、性别、年龄、残疾、宗教以及国籍等方面的歧视。

有效信息

申请职位________　可开始工作的日期________

期望薪金________

期望工作时间：　每周可以工作的时间：□周日　□周一　□周二　□周三　□周四　□周五　□周六

□全职　□兼职　□临时工　每日可工作的时间段：____ ____ ____ ____ ____ ____ ____

个人信息			
姓	名	中名	
现在居住街道住址	州（省）	市	邮编
曾经居住街道住址	州（省）	市	邮编
日间电话号码 (　　　)	晚间电话号码 (　　　)	社保号 ________	是否已满18岁？ ________

工作经历

从你最近的工作开始填写。说明你在失业期间所做的事情，如果你没有工作经验，请留下可以联系到你的电话号码。

我们可以联系您的现任老板吗？□是　　□否

老板姓名	起始时间		职位/头衔
地址	从	至	
州（省）　市　电话			
证明人	时薪/月薪		工作职责
离开这份工作的原因	最低	最高	
老板姓名	起始时间		职位/头衔
地址	从	至	
州（省）　市　电话			
证明人	时薪/月薪		工作职责
离开这份工作的原因	最低	最高	
老板姓名	起始时间		职位/头衔
地址	从	至	
州（省）　市　电话			
证明人	时薪/月薪		工作职责
离开这份工作的原因	最低	最高	
老板姓名	起始时间		职位/头衔
地址	从	至	
州（省）　市　电话			
证明人	时薪/月薪		工作职责
离开这份工作的原因	最低	最高	

教育

学校类型	学校名称和地址	学习专业和水平	修业年限	是否毕业（请选择）
高中	名称			□是　□否
	州（省）　市			成绩
大学	名称			□是　□否
	州（省）　市			成绩

<table>
<tr><td rowspan="2">其他</td><td>名称</td><td rowspan="2"></td><td rowspan="2"></td><td rowspan="2">□是 □否
成绩</td></tr>
<tr><td>州（省） 市</td></tr>
</table>

特殊技能
□打字 □驾驶 □文字处理 □ 10个关键实用技能或设备操作技能
每分钟打字数________ 按键________ 其他________

学术、专业活动及成就	
学术和专业活动以及成就、奖项、发表文章和参加过的专业技术团体（请排除那些涉及成员种族、信仰、肤色、年龄、宗教、残疾或国籍的组织）	
请注明类型或名称	获奖日期

<table>
<tr><th colspan="5">其他</th></tr>
<tr><td colspan="5">你是否使用过其他姓名？以便我们查对你的有关记录。如果有，请解释。</td></tr>
<tr><td>你曾在本公司或部门工作过吗？
□ 是 □否</td><td>工作时间</td><td>部门</td><td>部门领导</td><td>职务</td></tr>
<tr><td colspan="5">列出你在本公司工作的亲朋姓名</td></tr>
<tr><td colspan="5">你曾有犯罪前科吗？□有 □没有（曾有犯罪记录也不会自动取消申请资格）如果有，请解释。</td></tr>
<tr><td colspan="5">有无你不愿意从事的工作岗位？请解释。</td></tr>
</table>

<table>
<tr><th colspan="4">紧急情况联系人</th></tr>
<tr><td colspan="4">（该信息是为了在紧急情况下方便联系而设，不会在选拔中使用）</td></tr>
<tr><td>全名</td><td>地址</td><td>电话</td><td rowspan="2">与你的关系</td></tr>
<tr><td>工作单位</td><td>地址</td><td>电话</td></tr>
</table>

请仔细阅读这一声明

我保证在这份申请表中提供的信息是完整、准确的。我明白任何虚假信息都将直接导致我被开除。我同意就此申请表所涉及的信息进行调查，诸如性格、名誉、个性、就业情况、教育背景以及犯罪记录等可用信息。我明白此次调查将与包括家人、业务伙伴、朋友、邻居以及任何我所认识的人之间的第三方面谈。

我了解并同意在填写申请表和面试过程中，任何伪造信息或是隐瞒信息的行为都将导致我结束任期，不论这些行为何时被发现。

如果我被解雇，我同意我的任期以及赔偿金将会无条件终结。我知道除了副总裁之外的公司其他人员无权在任何时候签订任何协议。我还明白我有权在合理的时间内提交书面请求，获得就这次调查的性质及范围的完整描述结果。

我已阅读并同意上述声明。

签名： 日期：

仅适用于在马里兰州的申请人

马里兰州法律规定任何老板不允许要求某工作职位或准工作职位的申请人提交照片、进行测谎测试或是类似测试作为受雇条件。任何违反这一规定的老板将被视为犯有轻罪并将处以100美元以下的罚款。

签名： 日期：

仅适用于在马萨诸塞州的申请人

在马萨诸塞州，作为受雇或继续受雇条件要求或执行测谎测试属违法行为。任何违反这一条款的老板将会受到刑事处罚并承担相应民事责任。

签名： 日期：

下面是在线版职业申请表。

职业申请表

我们对提交本表的申请者一视同仁。本表不包含那些某些旨在淘汰申请人的问题，这些问题涉及种族、信仰、肤色、国籍、宗教、性别、残疾、婚姻状况、性取向或是其他任何受法律保护的领域，我们将给予每位申请者平等的机会。

请用蓝色文字填写，描述个人信息。

名		姓	
地　址			
城　市		州	
邮政编码		电话	
电子邮箱			
申请职位		点击这查看描述	
其他			
附件			
（附件支持格式：.doc，.wpd，.txt，.wks，.pdf）		浏览	

案例：一段失败的求职经历

毫无疑问，电脑让求职变得更方便，但也可能让找工作变得缺乏条理性。安东尼奥·海斯丁在上次工作空档期通过招聘网站、求职分类广告、在线提交简历等形式一共向招聘企业发出了300多份简历。他说："在短短三周的失业期内，我像无头苍蝇一样找工作，哪怕是毫无兴趣的工作岗位，我也会统统递上申请。"

这是一年前的事情了。之后，安东尼奥在一家公司找到了一份理想的工作，但是有些公司在收到他简历后仍会陆续给他打电话或是发邮件。他说："那些公司发邮件来问我是否想去他们那里工作，而我甚至不知道自己当时为什么会给他们投简历。"他说，如果一切重来，至少要记录清楚每个投过简历的公司的名字、申请的职位和投递时间。他说，尽管已不记得何时、何处、怎样联系的招聘企业，但目前仍有公司对他感兴趣，这让他感觉还不错。

第 6 章

学会使用最有效的岗位搜索方法

现实生活中有多种岗位搜索的方法，每一种方法都可能适用于一部分人群。有些专业人士会告诉你如何创建最有效的电子简历，然后把简历挂在网站上供老板们选择。还有些专业人士则会告诉你最好的办法是联系你认识的人，并请他们指引门路。在求职过程中，这样的办法还有很多。

但问题是，大多数求职者使用了相对低效的搜索岗位的方法。因此，他们往往待业时间很长，或者最终选择了并不适合他们的工作。

> 团队合作非常重要。如果缺少它，你不可能把自身能力发挥得淋漓尽致。
>
> ——布莱恩·特雷西

本章将帮助你识别最有效的岗位搜索方法。尽管有些方法用起来并不简单，但是你需要知道哪些方法容易被人忽视，哪些方法最有可能为你开启就业之门。

有些岗位搜索方法更加奏效

让我们思索一下各种岗位搜索方法及其效果。你认为哪些最有效?

哪些方法最有效?

以下是很多人曾使用过的求职方法的列表。认真阅读此表，你可能还会想到其他未被提及的方法。将这些方法写到下面的空格上。然后，选择出你认为最有效的 3 种求职方法。

- 回应招聘广告
- 把你的简历发布在权威的招聘网站上
- 遵从朋友、亲戚的引导
- 走进老板的办公室，请求面试
- 在私人就业服务机构注册报名
- 将你的简历邮寄到人力资源部门

- 在线填写履历表
- 请关系网中的熟人把你推荐给老板
- 进一步了解公共就业服务机构的推介
- 利用学校、社团或者其他就业中心所提供的服务
- ______________________________
- ______________________________

在下面的空格线1上写出你认为最有效的求职方法并说明原因。然后在对应的空格行按照重要性写出另外两个你认为有效的方法并解释原因。

1. ______________________________

____

2. ______________________________

____

3. ______________________________

____

也许你选择的是曾经对你奏效的求职方法。但是，你可能忽视了那些最为有效的方法。本章节将为你一一介绍。

找到一份好工作所花费的时间往往比大多数人想象的更长。求职者平均要花2到3个月才能找到新工作。有时运气好的话，很快就能找到工作，但对于大多数人来说，找份好工作光靠运气是不行的。

你必须做的两件事

事实上，几乎所有想找工作的人最终都能找到工作。因此，找工作时你要努力完成以下两个简单任务。

1. 更快地找到工作。

2. 如有可能，找一份更好的工作。

事实证明，一些求职方法能够缩短找工作的时间，或者能够提高找到如意好工作的概率。这些更有效的方法往往积极而主动，它们能帮你找到那些并未通过广告宣传的工作。因此，学会使用这些求职方法，会避免那些直接而激烈的竞争，更有可能找到与自身专业技能密切相关的工作。

综合使用多种方法，但使用那些最有效的方法最重要

事实上，你之前所选择的求职方法对于一部分人确实有用。尽管如此，很多研究表明，某些求职方法相比之下更为有效。研究还表明，成功的求职者们综合使用了多种方法。这意味着，你应该使用多种求职方法，并把更多的时间花在那些易于取得更好结果的方法上。

我在本章后面的内容中将会探讨更有效的求职方法，但首先就你选择何种求职方法在这儿先提出3点建议：

- 用积极主动的方法求职通常比被动求职更有效。主动的求职方法不是你等着别人去联系你，相反，

你要走出去主动求职。例如，把简历张贴在网站上是被动的方法，因为这要老板先发现你。那么，你需要在网站上发布你的简历吗？当然要，因为有些人会通过网络看到你的信息。但我的观点是，在你等待老板发现你登在网上的简历并联系你的同时，你要采取行动主动联系未来的老板。

- **目标是争取被未来老板面试的机会。**很少有人能够不先面试就找到工作。即使在日益电子化的当今世界，老板们往往也希望先与你面谈，然后再决定是否聘用你。因此，你求职的目标之一就是争取得到被未来老板面试的机会，而不是把简历贴到十几个网站上、撰写完美的简历、填写申请表，或把你所有的技能按字母排列等等。

> 在求职中你要反复问自己：“我现在所做的一切是否会给我带来面试机会呢？”

- **多参加几次面试，以减少待业时间。**平均每周只得到一个或两个面试机会的人往往比每周能面试四五次以上的人待业的时间更长。坐在家中等待老板给你打电话或回复你的网上简历并不是一个好办法。

请对你在找工作时花费的时间做出评价。要始终问自己：“我现在做的有没有可能给我带来面试机会呢？”如果你的答案是否定的，你需要花更多的时间去争取得到更多的面试机会。

钱很重要

财务应急工具包

紧急情况常常出现在我们毫无防备之时。虽然我们可以在暴风雪来临前准备好食物、在飓风到来前钉好窗户，但我们却很少提前做财务方面的应急准备。每个人都应该建立财务应急工具包（EFFAK），它是一份用来识别、组织关键财务记录的简单表格。它能为最重要的财务文件提供参考依据。想要下载该工具包，请点击：http://www.ncua.gov/NewsPublications/Publications/PDF/brochures/EmergencyFinancialFirstAidKit.df.

在求职的开始阶段你应该采取的三项行动

一旦决定开始求职，你应该采取以下三项行动：

- 充分利用学校、专业及其他内部资源。
- 在公共就业服务机构中注册信息。
- 在大型网站上发布你的简历，然后还要采用更积极的办法。

在接下来的内容中，你将会了解到如何去做这三件事。

用学校、专业及其他内部资源

你是否有机会得到学校提供的就业指导课程的帮助呢？如果是的话，你非常幸运，你要弄清如何得到学校的帮助。许多教育服务机构提供职业和岗位资源库、简历制作软件及其他服务。有些机构还有专业人士提供个性化帮助或求职推介帮助。

你要对服务机构的工作人员表现的既专业又友好，因为他们对你的评价将决定你能否获得良好的服务。千万别错过他们给你安排的与老板面谈的机会，因为这不仅不礼貌，还有可能让你失去其他被推荐的机会。

在公共就业服务机构中注册信息

在美国各州和加拿大的每个省份都有公共就业服务的机构，虽然工作范畴有所不同，但是它们都登记失业信息、提供再就业援助。立即到该机构注册，以便你能得到应得的失业救济。

有些机构提供求职类课程、工作推荐、电脑和复印机学习以及其他服务。因此，一定要充分利用你能得到的任何帮助。

在大型网站上发布你的简历，然后采取更积极的办法

如果你想发布你的简历或完成求职网站要求填写的信息，那就赶快行动吧。但是，不要坐在电脑旁等待聘用书。请记住，在全国超过 1.5 亿人的劳动力市场中，有数以百万计的求职者和你一样在张贴求职信息。老板们在这些网站上搜索合格的应聘者，但他们挑选的往往是与某一特定工作相关的具有计算机、专业技术或其他技能的人。老板们会尽量地筛选掉不中意的求职者，这样他们就不至于挑选数百名申请者做候选人。他们通常在教育、培训、工作经验及其他方面设定标准，以排除那些缺乏竞争力的求职者。

在之前的几十年里，Monster 和 Career Builder 这类大型求职网站已经在提供求职信息方面逐渐退出舞台。许多招聘企业现在更倾向于在自己公司的网站上直接发布招聘信息并通过员工推荐来招募新人。这种方式能让现在的企业既经济又便捷地招聘到新员工。

虽然老板们利用网站发布招聘信息，但显然他们更喜欢内部推荐的人选。本书第七章可以帮助你创建很好的电子求职材料。去把你的信息张贴在网络上吧，或许它能为你的求职开个好头。之后你要采取更灵活的办法，以获取那些尚未公开刊登的招聘信息。在本章节和整本书中，我将更多地教你如何在求职中使用互联网的技巧。

商务礼仪

直呼其名

当亨利·斯坦利在非洲丛林遇见大卫·利文斯顿博士时，斯坦利使用正式的称谓说："我猜您是利文斯顿博士。"他没有说："是你吗，大卫？"在包括面试在内的大多数商务场合下，可以允许直呼对方的名字，但应该遵循对等的原则称呼彼此。如果对方称你为先生或女士，你也要用同样的方式称呼他。同样，如果对方直接称呼你的名字，你也要这样随意地称呼他。

十大招聘网站

以下是截至目前最重要的 10 家"常规"招聘网站，它们也是访问量最大的网站。

- www.monster.com
- www.careerbuilder.com
- www.hotjobs.com
- www.indeed.com
- www.jobing.com
- www.jobcentral.com
- www.collegeRecruiter.com
- www.jobfox.com
- www.net-temps.com
- www.simplyhired.com

影响就业市场的重要因素

在了解具体的求职方法之前，你要考虑以下几个关于就业市场和求职的问题。

在任何时间都有大量的岗位空缺

美国拥有大约1.5亿劳动力。在一年中，大约有3 000万个就业空缺岗位。虽然没人知道具体到某一天会有多少岗位空缺，但这个数字无疑是巨大的。上述数据只涉及那些正式的空缺岗位。除此之外，并未进行正式招聘的老板，也可能会雇用他们欣赏的具有某种特长的求职者。这些隐性的工作机会常常难以统计。

求职或招聘中并不存在有组织的系统

尽管每天有数百万的就业机会，但问题是你不知道它们在哪里。你可以通过互联网、招聘广告、求职机构或其他途径找到一些空缺岗位。然而，如果你把所有宣传的招聘岗位放在一起，它们也顶多占全部岗位需求的35%。事实上，你不可能找到全部或者大部分空缺岗位。这对于正在求职的你来说，问题也很突出。

成功的技巧

团队合作

路易斯是一个工作刻苦、干劲十足、业绩良好的员工，但问题是他总是自以为是。在团队项目中，他常常做领头雁，有时甚至完全一手遮天，拒绝听取别人意见。因此同事们逐渐与他疏远。虽然项目最终也做完了，但是如果团队合作得更好的话，这些项目可能被完成得更好更快。路易斯要怎么做才能在团队中做得更好呢？

为什么大部分的工作岗位从来不做广告宣传？

大多数工作岗位没有做广告宣传，为什么呢？请思考一下，在下面列出3个原因。

1. ______________________________

2. ______________________________

3. ______________________________

老板不喜欢广告宣传，而且经常觉得没有必要这样做

假如能从某个资源库中找到所有的空缺岗位，那是再好不过的事情。不幸的是，根本就没有这种资源库。其中的一个原因就是，在这个自由的国度内老板可以用他们中意的任何方式找到他们所需要的员工。他们没有向大众公开空缺岗位的最常见的两个原因是：

- 他们不喜欢。
- 他们认为没有必要。

为什么老板们不喜欢公开空缺岗位的信息呢？一旦老板在网上或者报纸上张贴招聘广告，他们通常会得到数百份回复，这些回复绝大多数来自于那些不合格的应聘者。筛选合适的应聘者并进行面试会花费老板们大量的时间和金钱，而且最终参加面试的人大多是老板不中意的门外汉。当失业率低、求职者甚少时，老板会用尽各种方法找到他们需要的人才。对那些难以填补的岗位，如对技术、能力要求高的岗位，通常应聘者甚少。但即使是在这种情况下，老板们也更愿意雇用那些由他们信任的人推荐来的人选。

老板愿意雇佣他们所熟悉的人，这是人之常情。这就解释了为什么大部分岗位在广告宣传之前就已经有了合适人选。老板可能认识某个适合这项工作的人；或有人已在广告之前从别人那里知道了这份工作，并提前进行了面试。

有一点你必须明白，65%的空缺岗位永远不会对大众公布。这些不需要宣传的岗位往往是最好的岗位。如何获得这些岗位信息对你来讲意义重大。

在招聘优秀员工方面老板们的经验是什么？

研究表明，雇用陌生人并非招聘优秀员工的最佳方法。俄亥俄州立大学研究员琼·华纳斯分析了对 39 000 名员工进行的 28 项调研的结果。他发现，通过机构内部消息而不是广告招募来的新员工更能够长期地从事一份工作。那些由招聘机构的前员工、现任员工以及通过其他内部人员推荐来的员工，其长期工作的可能性增加了 25%。

虽然大多数老板并不知道这项调查，但他们知道雇用陌生人并非招聘优秀员工的最佳方法。他们知道面试和背景资料反映出的信息并不是太可靠。

规模较小的用人单位容纳了大部分劳动力

可能大多数人并没有意识到，约 3/4 的求职人员是受非政府类的小型企业雇用的。

规模较小的用人单位雇佣了大部分工人

*按照企业雇佣人数绘制下图

大型用人单位

250～499 人规模企业就业人数：9.3%

500～999 人规模企业就业人数：6.6%

大于 1 000 人规模企业就业人数：10.7%

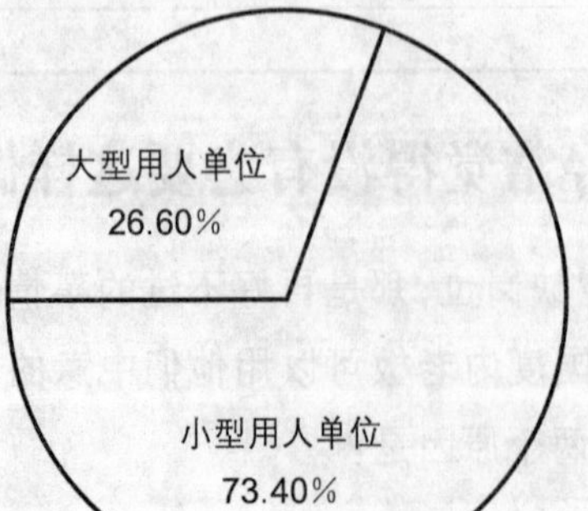

小型用人单位

不足 5 人规模企业就业人数：6.8%

5～9 人规模企业就业人数：8.4%

10～19 人规模企业就业人数：11.2%

20～49 人规模企业就业人数：17.3%

50～99 人规模企业就业人数：13.3%

100～249 人规模企业就业人数：16.4%

过去大型用人单位雇佣工人的比重很大。即使在现在,大部分求职方法的提出都是假定要去大型用人单位应聘为前提。例如,在线提交简历和申请表格所收集的信息是用来帮助那些大型的人力资源部门快速地审核申请人。许多关于求职的书籍是由那些有大公司工作经验的人撰写的,他们结合自身经验总结了求职技巧。

但时过境迁,现在大多数人在小型用人单位工作。很多小型用人单位甚至没有人力资源部门！这意味着求职者需要用新的办法找到小型用人单位的空缺岗位。

既然小型用人单位提供了大多数的岗位,那它们就要引起你足够的重视。考虑到小企业的老板们提供了大多数新的岗位,这就意味着这类企业主对你来讲更为重要。美国中小企业管理部发现那些不足20人的小型企业创造了一半左右的就业新机会,这些小型用人单位绝对不容小视。

你越清楚自己想要什么工作,你就越有可能得到这份工作

求职者往往毫无选择地阅读所有的就业信息。他们通过网站、招聘广告和其他渠道获取的信息去申请他们认为可能得到的任何工作。相反,正如我在之前的章节里提到的,我建议你首先要清晰地确定自己想要从事的工作,然后寻找能够为你提供这种工作岗位的企业。你应该把求职目标定位在这些企业上而不是全面撒网。

多数求职者不会花费很多时间去找工作

调查研究表明,鲜有待业者会每周花费15～20小时以上的时间寻找工作。因此,他们获得的面试机会相对较少,待业时间相对较长。

当你处于待业状态时,找工作就应该成为你的全职工作！道理很简单:你在找工作上花费的时间越多,就越有可能拿到聘书,待业的时间就会越短。

> “当你处于待业状态时,找工作就应该成为你的全职工作！”

求职者并没有在用最有效的方法找工作上花费足够的功夫

找工作并不是件容易的事,使用无效的方法找工作只会让人很快泄气。原因是,总是使用这些无效的方法让你卷入为争夺广告宣传的招聘岗位的激烈竞争中,这类招聘信息人人可见。使用有效的求职方法可以帮你找到那些并未做招聘广告的工作,而你获得面试并被录用的机会也会大大提高。

充分利用就业市场的“矛盾”

几年前美国劳工部门做过一项研究,结果表明很多工作岗位仍然空缺。与此同时,优秀的求职者们正在寻找这些岗位。问题在于求职者和招聘者并没有发现对方。

研究表明,大约有40%的待业是受岗位空缺与填补岗位空缺之间的矛盾引起的。研究者把这种劳动力市场的低效能称为矛盾性待业。这就意味着此时此刻有很多老板想要聘请像你这样的人才。所以,你需要做的就是找到这样的老板。鉴于此,我在后面将要提及5个最有效的求职方法。

工作天地

失业是一件好事情吗?

一般而言,失业对于个人来讲并不是好事(除非是他不想或不需要工作)。但是人人有工作的情况不仅不可能而且相当危险。矛盾性待业表明有些人正处于前一份工作与后一份工作的转换空档,这些人换工作通常是为了谋求一份更好的差事,这种变动有利于经济发展。但是由于经济衰退或经济薄弱产生的高失业率,即求职者人数远大于岗位需求数时,失业状态就是危险状态了,近年来这种情况比比皆是。

方法 1:在空缺岗位做广告前就找到它们

对于大多数人来说求职就是寻找空缺岗位。很明显,所有传统的求职都采取了这种办法。但问题是这种观点将直接导致你错过那些最佳的就业机会。相反,我建议你找工作时要找到那些真正需要你的技能的用人单位,不管它现在有无空缺岗位。

这是一种求职方面的全新的方法。它可以让你在招聘岗位进行广告宣传前甚至在岗位空缺产生之前就与老板沟通交流。当然,你也可以寻找那些已经存在但尚未进行广告宣传的空缺岗位。事实是,总有空缺岗位存在,但能否找到这些岗位则取决于你使用的求职方法。

> “找工作时你要找到那些真正需要你的技能的用人单位,不管它现在有无空缺职位。”

产生空缺岗位的 4 个阶段

如果你仅仅通过招聘广告找工作,你将永远错失那些没有做广告的好工作,好机会只能拱手让给别人。但假如好的工作尚未进行宣传,你又该如何发现它们呢? 没错! 你必须学会在公司刊登你想要的岗位招聘启事前就找到这些用人单位。

很多工作不是突然出现,而是随着时间的推移产生的。仔细研究下页的图表,它说明了大多数空缺岗位是如何产生并被“填补”的。请注意大约有半数的空缺岗位是在第三阶段被“填补”的。这就是空缺岗位很少进行广告宣传的原因,因为大部分空缺岗位还没来得及被做广告就被“填补”了。

公开空缺岗位需要一个过程,这为那些能在招聘岗位做广告前就与用人单位取得联系的人提供了机会。在这一章你的任务就是学会如何在招聘广告刊登前就找到这些招聘信息。现在让我们详细了解一下空缺岗位产生的 4 个阶段。

阶段 1:目前尚无空缺岗位

如果你在这个阶段联系老板,并询问是否有任何空缺岗位,老板会说“没有”。如果你按照传统的办法继续找工作的话,你可能会错过这个老板。然而,将来该公司一旦产生了空缺岗位,该老板首先会考虑他已经了解的人。如果你在这个阶段得到与老板“面试”的机会,那么该公司就会对你有所印象,这对你而言将是一个巨大的优势。约 20%～25%的人是在岗位空缺尚未产生的时候让老板了解自己而最终获得工作的。

阶段2:空缺岗位尚未正式产生,但是内部人士知道这样的岗位即将产生

一段时间后,组织内部的某些人会知道公司即将在近期招聘新员工。也许是业务出现了转机,或是新产品或营销计划正在筹划中;也许有员工正准备辞职或将被解雇。如果在这一阶段你问老板是否有岗位空缺,你得到的答案可能仍是“没有”,除非你碰巧问到了该公司内了解内情的人。

在这一阶段,大多数求职者会到别的单位继续找工作,而忽视了该公司即将产生的空缺岗位。

大约50%的求职者都是在本阶段被录用的,虽然没有正式公布的岗位空缺,但该组织的内部人士知道不久后就会有岗位产生空缺。

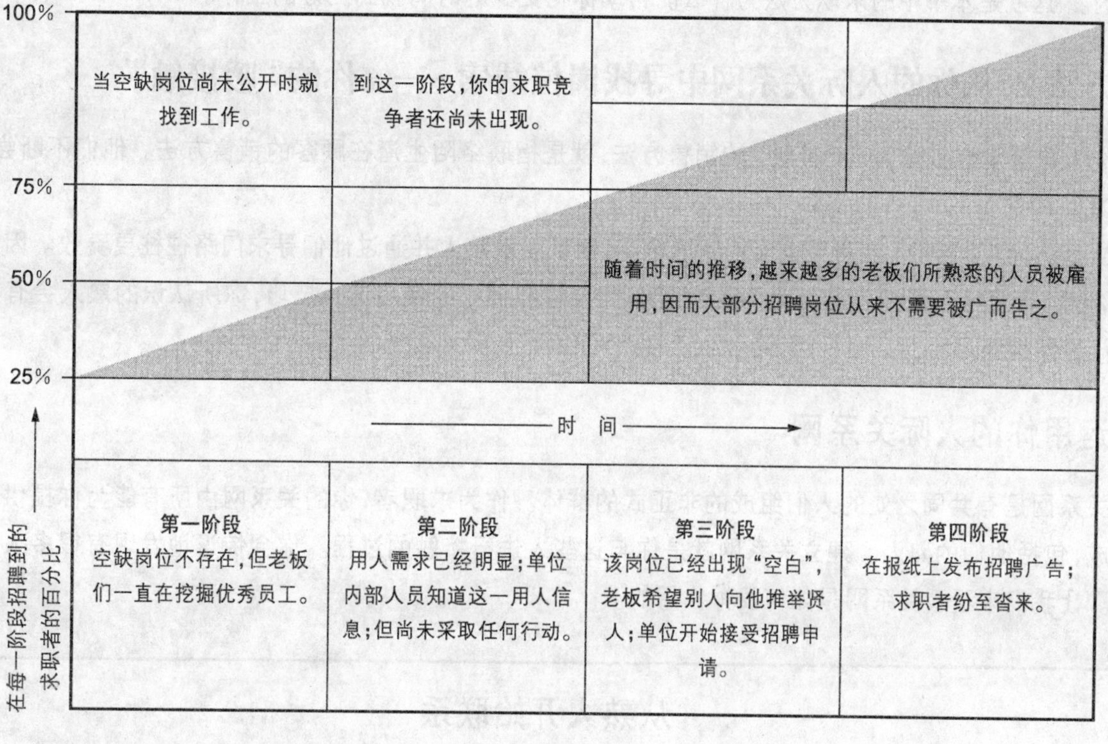

阶段3:已经有了岗位空缺,但尚未进行广告宣传

有时,老板会说:“是的,我这有一个岗位空缺。”这也许因为有人突然辞职,或者是公司接到了份大订单。在该公司工作的人都知道有岗位空缺,但它往往要过好几天甚至好几周后才会进行招聘宣传。如果你在此时询问是否有空缺的岗位,你会被告知“是的”。如果你碰上了这种天时、地利(而且你的求职资格过硬),你就可能得到一次面试机会。

但问题是,对于那些在大堆广告宣传中找寻工作的人来说,大多数空缺岗位早就在这个阶段之前就已完成了招聘。这些工作从来都不需要进行广告宣传。

阶段4:空缺岗位终于进入了广告宣传阶段

如果一份工作通过内部人的推介、老板熟人的举荐或其他非正式的方式都没有找到合适人选的话,它将最终被公之于众。用人单位可能会在互联网上或者报纸上刊登招聘广告。招聘方先要提出申请,告知服务机构,然后才在人才市场进行招聘。因为所有的求职者都会看到招聘信息,因此,会有几十人甚至几百人去申请这份工作。这就是这些为数不多的岗位竞争如此激烈的原因所在。

为了争夺这为数不多的岗位，竞争是非常激烈的。其他的工作，包括那些非常好的工作职位，在广告宣传之前却已录用完毕。

你需在空缺岗位产生的以上 4 个阶段中求职

要想成功求职，你需要在空缺岗位产生的各个阶段中与用人单位联系。这就意味着你需要在上述前 3 个阶段中就与用人单位进行联系，而不是等到招聘岗位已经进行广告宣传的第 4 个阶段才行动。

当然，你也应该关注那些在第 4 个阶段做广告的招聘信息。但你一定要明白，多数空缺岗位是不会做广告的。这就是本书中的求职方法为什么能帮助你花更少的时间找到更好的工作。

方法 2：从你的人际关系网中寻找岗位线索——你的“暖接触”

你大概听说过被称为“冷接触”的销售方法，就是指联络陌生潜在顾客的销售方法。他们不断尝试，偶有成功。

虽然这种“冷接触”方法可以应用到求职中，但是联系熟人并通过他们寻求门路往往更奏效。因为熟人不是你的“冷接触”，我把它称之为“暖接触”。如果你能很好的使用这一技巧，你所认识的熟人会有效地为你进行工作推荐。

运用你的人际关系网

关系网是有共同之处的人们组成的非正式的群体。作为求职者，你的关系网由所有能为你提供帮助的人组成，包括他们的熟人。建立关系网就是你与这些人进行接触的过程。你会惊讶地发现有很多人可以帮助你。让我们来看看关系网是如何发挥作用的。

从熟人开始联系

你的亲戚朋友最愿意帮助你找到工作，他们也愿意把你介绍给他们认识的人，对你来讲这是非常有价值的。想要知道关系网是如何发挥作用的，先在下面的横线上写下 3 个朋友或亲戚的名字。

1. ____________________

2. ____________________

3. ____________________

关系网能让你联系到成千上万的人

现在以关系网名单中的第一个人为例。如果你让他推荐两个能够帮助你找工作的人，那么你就多了两个门路。继续这个过程，你的关系网就如下图所示。

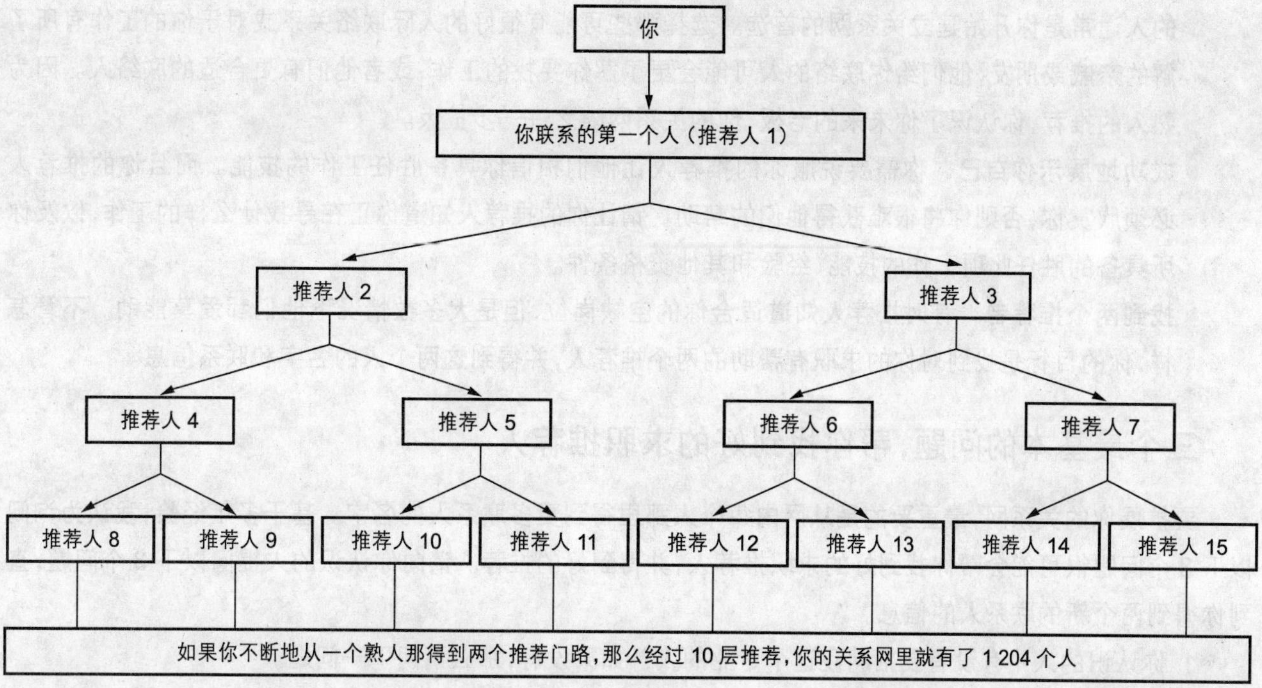

通过这种方式，你能接触到的人的数量是惊人的。如果你不断从一个推荐人那得到两个门路，经过10级推荐，你的关系网里就有了1 024个人。而这仅是你的关系网的第一个人开始计算得到的数字。

你可以使用电子邮件、社交通讯工具（如人人网、微信等）、电话或面对面联系的方式来发展关系网。靠关系网简便易行。它能帮助你找到潜在的老板，而靠其他方式就难以办到。潜在老板可能是朋友的朋友的朋友。因为朋友这层关系，他们会很愿意与你见面。

要创建有效关系网，你需要有明确的目标

创建关系网是求职的一种有效方法。如果你利用好它，它能帮助你与许多潜在的老板建立联系。要想提高效率，需要在创建关系网时就要有明确的目标：事先想清楚你与关系网内的人联系是想达成什么目标。请在下面写出你创建关系网的目标。

____

____

____

建立关系网时要确立3个重要目标

> 从认识并愿意和你交流的任何人开始建立联络关系都是可行的。但熟悉并且喜欢你的人们通常是你确定联系人的首选。

以下是你在建立每个关系网时需要牢记的3个重要的目标。

- 挑选合适的联系人。从认识并愿意和你交流的任何人开始建立网络关系都是可行的。熟悉并且喜欢你

的人通常是你开始建立关系网的首选。选择那些可能有很好的人际联络关系或对于你的工作有所了解的亲戚或朋友,他们给你联络的人可能会更了解你要找的工作,或者他们有更合适的联络人。因为熟人的推荐,你认识了你未来的老板,你的关系网随之进一步扩大。

- 成功地展示你自己。你需要说服你的推荐人让他们相信你具备胜任工作的技能。而且你的推荐人必须欣赏你,否则你将很难获得他们的帮助。请让你的推荐人知道你正在寻找什么样的工作,以及你所具备的胜任此项工作的技能、经验和其他资格条件。
- 找到两个推荐者。有时推荐人知道适合你的空缺岗位,但是大多数情况下他们都爱莫能助。不管怎样,你的目标是找到对你的求职有帮助的两个推荐人,并得到这两个人的名字和联系信息。

三个最基本的问题,帮你找到好的求职推荐人

要扩展你的关系网,最重要的是从网内每个人那里得到更多联系人的名字。基于多年经验,我认为询问以下 3 个问题很可能会帮你找到好的求职推荐人,并得到好的推荐。请向你认识的人提问以下 3 个问题,直到你得到两个新的联系人的信息。

1. 你认识的人中有没有要招聘我这个专业的人? 如果没有,那么请问下一问题。
2. 你认识的人中谁可能会认识要招聘我这个专业的人? 如果仍然没有,那么请问下一问题。
3. 你知道谁认识的人比较多?

大多数求职者不会有计划、有条理地利用自己的关系网。但即使如此,关系网内的某个人最终仍会为你提供有效的求职信息。如果你使用我建议的方法与联系人进行沟通的话,大部分人是愿意帮助你的。所以,在求职时一定要询问这 3 个问题。如果你按照我的建议去做,要想找到理想工作,可能这一项技巧足矣!

关系网表,即你认识的人群

你已经认识很多能够帮助你的人。为了区别他们,想想那些与你有共同之处的群体。以下是求职者们列出的最常见的一些群体。

看看这一清单,在你能求助的群体前面打上√。列出的人群仅供参考,在其后可添加你所处的其他具体群体。例如,写上“健身课上认识的人”或“果冻罐收集协会成员”。最后,当你完成列表,写上每个人群的人数。

√	你能求助的群体	群体内人数	你所在的其他群体	群体人数
□	朋友	______	______	______
□	亲属	______	______	______
□	父母的朋友	______	______	______
□	曾经的同事	______	______	______
□	教会或宗教成员	______	______	______
□	曾向我销售过产品的人员			

(店员、保险代理人、
房地产经纪人等等)

- ☐ 邻居
- ☐ 同学
- ☐ 以前的老师
- ☐ 俱乐部或社团成员
- ☐ 为我提供服务的人（美发师、咨询师、技师等等）
- ☐ 曾经的老板
- ☐ 运动或兴趣圈子里的人
- ☐ 所属专业组织的成员（或很快会加入的组织）

列出每个群体中你要联系的人

大多数人从来没有想到他们有很多潜在的推荐人。前面的工作表可以帮助你找出你可能会忽略的很多人。你对这些人可能不熟甚至一无所知，但你与他们有共同之处。联系他们需要一些勇气。但如果方式恰当，你会发现大多数人都愿意为你提供帮助。

你可以用刚才这个工作表列出的群体联系人建立自己的关系网名单。这些人可以给你提供其他联系人的名字。以下是你刚刚列举的其中一个群体的样表，现在完成这份表格。然后，你可以为每个群体建立类似的列表。你可以通过微信账户找到更专业的推荐人。

建立关系网表——朋友列表

你有多少朋友呢？不要仅限于你的亲密朋友。只要对你友好就算是朋友。仔细想想，猜猜你能列出多少朋友的名字。在你的人人网账户中能找到至少几十个朋友。

把朋友数写在这________

现在列出你能想到的所有朋友的名字。如果写不开的话，你可以另附一张纸。你可以添加这些人的电话号码和电子邮件地址。如果他们还不是你的人人网好友，请在表格右侧的方框中打“√”。

姓名	电话号码和电子邮件地址	需要加入人人网的朋友
________	________	☐
________	________	☐
________	________	☐
________	________	☐

与推荐人建立关系网或许是你唯一需要的求职方法

建立关系网首先从熟人开始，他们转而会介绍你认识一些你之前不认识的人。每个人都把你推荐给其他人，你认识未来老板的可能性就越来越大。你很快就会发现你的某些推荐人正管理一些与你有相似技能的人，他们很可能会向别的管理者推荐你。

如果你把“你认识的人群”中的每一个群都创建名单的话，你最终可能得到数百上千的名字。每个人都能把你继续推荐给其他人。如此一来，你将最终碰到需要你的技能的老板，与此人联系你将很可能获得工作机会。所以，很可能你只要学会使用由熟人建立的关系网进行求职即可获得满意的工作。这是找到那些尚未做广告的招聘岗位的有效方法。

方法 3: 直接与老板联系——你的冷接触

虽然这样做会让你感到不太自在，但直接与你并不认识的也未被推荐的未来老板进行联系是个很有效的求职办法。所谓冷接触法，指的是在没人推荐的情况下直接给老板打电话或在没有预约的情况下登门拜访。这两种方法在下面的内容中都会提及，同时我也会介绍一些使用这些方法的技巧。

列出可以直接联系的潜在用人单位的清单

我在第四章中建议最好把求职目标限定在特定的地理区域。即使你想要搬迁，这也能让你提前知道你愿意在什么样的地方居住。在互联网上发布求职信息的弊端之一就是所有地区的老板都可能联系你。虽然这提高了潜在的机会概率，但说不定在你倾向居住的地方那儿也有一份类似的工作在等着你。

从本章的内容出发，让我们假设你知道自己愿意在哪个地区工作。接下来你的任务就是列出在该地区你可以进行“冷接触”的老板的名单。无论在哪，最好用的用人单位免费列表可从网络或印刷版的黄页中找到。

网上有大量的免费黄页目录。我喜欢使用 www.bing.com/local/ 网站所提供的服务，因为在这个网站中你可以按类别和子类别浏览信息，而其他有些网站则需要你事先知道类别的名称。这个网站还提供有关网址、电话号码以及未来老板的其他信息。印刷版的黄页特别是其分类列表也很有用，但它不提供网站地址或其他信息。如果你需要搜索多个地区的信息，网上资源可以帮你找到所有地区的相关内容，对于想要移居此地的你来讲这将帮助极大。

无论通过何种渠道，黄页中的信息资源都能帮你迅速列出可以进行“冷接触”的老板名单。这样，你可以在一小时内通过电话或电子邮件的方式发现并联系到 10～20 个老板。很多人善于通过电话或其他方式联系未来的老板，他们在一小时内就能搞定一个或几个面试。通过电子邮件进行“冷接触”的联系方式通常花费的时间更长，但如果事后紧跟电话访谈的话也会收到良好的效果。

你可能会惊奇地发现，很多类型的组织可以成为你获取岗位信息的渠道来源。黄页会列出一个地区几乎所有规模的私人企业和政府、非营利机构等组织的信息。

以下是用黄页寻找未来老板的 4 个步骤：

1. **找到索引**。印刷版黄页在目录中提供了按字母顺序排列的或按类别整理好的各个组织机构的索引，部分网络版黄页也提供这样的索引。因此，我建议你使用印刷版黄页找到合适的(行)企业类型。这样，在使用网络资源时,你就能知道在这个搜索领域内如何进入不同分组。

2. **选择可能的目标**。浏览印刷版黄页索引,阅读每个条目时都要自问:这个类型的组织会聘用有我这种技能的人吗?

如果答案是肯定的或有可能,则在该组织前面做一个复选标记。

3. **优先考虑做标记的单位**。在你做标记的单位旁边,用数字标明你感兴趣的程度。使用以下方式:

1 = 听起来很有趣

2 = 不确定是否感兴趣

3 = 听起来毫无兴趣

4. **与目标单位进行联系**。一旦你已经确定目标群体,你可以翻到黄页上的相应部分,也可以在网上查询。使用黄页上提供的电话号码直接给这些单位打电话,要求给予面试机会。如果网上清单提供了网址,试着找到招聘者的电子邮件地址,然后给他们发邮件。

下面是一本黄页索引某一页的一部分,可以向大家说明如何使用黄页。使用该页的人想要寻找的是电气工程师岗位。打对钩标记的是那些可能需要电气工程师的组织单位,而数字则表示的是求职者的兴趣程度。

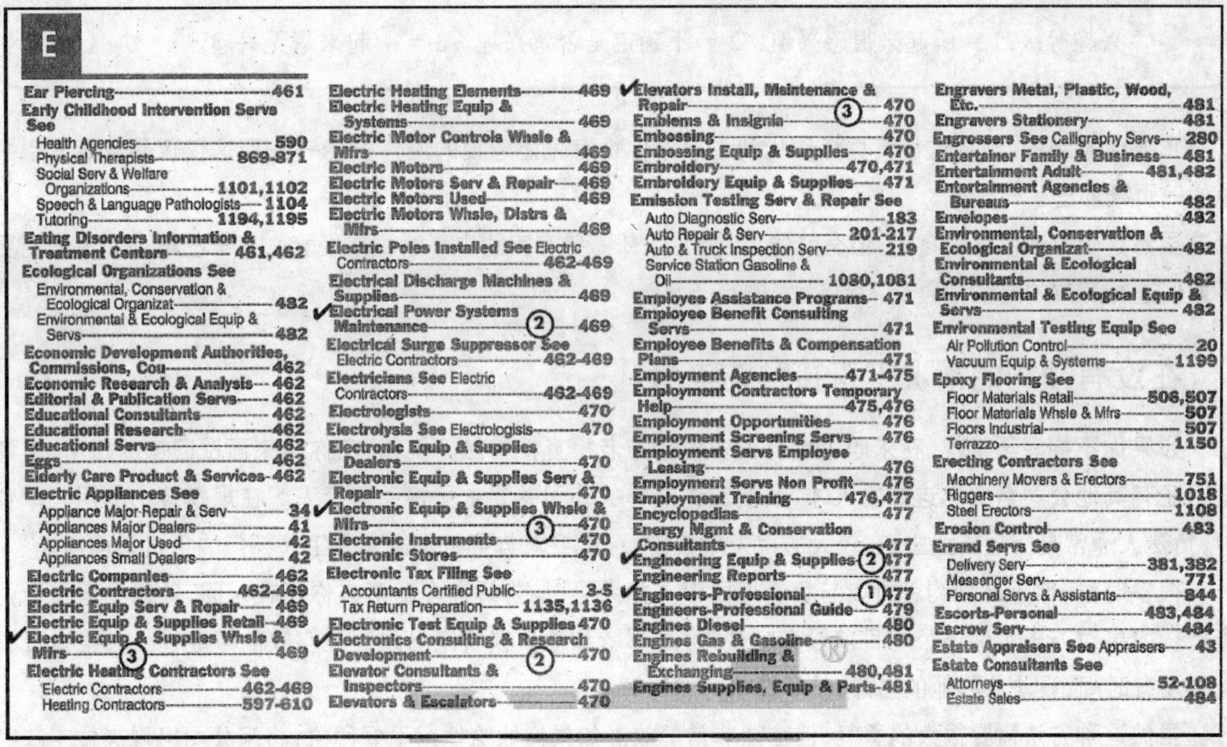

E

Ear Piercing — 461
Early Childhood Intervention Servs See
Health Agencies — 590
Physical Therapists — 869-871
Social Serv & Welfare Organizations — 1101,1102
Speech & Language Pathologists — 1104
Tutoring — 1194,1195
Eating Disorders Information & Treatment Centers — 461,462
Ecological Organizations See
Environmental, Conservation & Ecological Organizat — 482
Environmental & Ecological Equip & Servs — 482
Economic Development Authorities, Commissions, Cou — 462
Economic Research & Analysis — 462
Editorial & Publication Servs — 462
Educational Consultants — 462
Educational Research — 462
Educational Servs — 462
Eggs — 462
Elderly Care Product & Services — 462
Electric Appliances See
Appliance Major-Repair & Serv — 34
Appliances Major Dealers — 41
Appliances Major Used — 42
Appliances Small Dealers — 42
Electric Companies — 462
Electric Contractors — 462-469
Electric Equip Serv & Repair — 469
Electric Equip & Supplies Retail — 469
✓ Electric Equip & Supplies Whsle & Mfrs ③ — 469
Electric Heating Contractors See
Electric Contractors — 462-469
Heating Contractors — 597-610

Electric Heating Elements — 469
Electric Heating Equip & Systems — 469
Electric Motor Controls Whsle & Mfrs — 469
Electric Motors — 469
Electric Motors Serv & Repair — 469
Electric Motors Used — 469
Electric Motors Whsle, Distrs & Mfrs — 469
Electric Poles Installed See Electric Contractors — 462-469
Electrical Discharge Machines & Supplies — 469
✓ Electrical Power Systems Maintenance ② — 469
Electrical Surge Suppressor See Electric Contractors — 462-469
Electricians See Electric Contractors — 462-469
Electrologists — 470
Electrolysis See Electrologists — 470
Electronic Equip & Supplies Dealers — 470
Electronic Equip & Supplies Serv & Repair — 470
✓ Electronic Equip & Supplies Whsle & Mfrs ③ — 470
Electronic Instruments — 470
Electronic Stores — 470
Electronic Tax Filing See
Accountants Certified Public — 3-5
Tax Return Preparation — 1135,1136
Electronic Test Equip & Supplies 470
✓ Electronics Consulting & Research Development ② — 470
Elevator Consultants & Inspectors — 470
Elevators & Escalators — 470

✓ Elevators Install, Maintenance & Repair ③ — 470
Emblems & Insignia — 470
Embossing — 470
Embossing Equip & Supplies — 470
Embroidery — 470,471
Embroidery Equip & Supplies — 471
Emission Testing Serv & Repair See
Auto Diagnostic Serv — 183
Auto Repair & Serv — 201-217
Auto & Truck Inspection Serv — 219
Service Station Gasoline & Oil — 1080,1081
Employee Assistance Programs — 471
Employee Benefit Consulting Servs — 471
Employee Benefits & Compensation Plans — 471
Employment Agencies — 471-475
Employment Contractors Temporary Help — 475,476
Employment Opportunities — 476
Employment Screening Servs — 476
Employment Servs Employee Leasing — 476
Employment Servs Non Profit — 476
Employment Training — 476,477
Encyclopedias — 477
Energy Mgmt & Conservation Consultants — 477
✓ Engineering Equip & Supplies ② — 477
Engineering Reports — 477
✓ Engineers-Professional ① — 477
Engineers-Professional Guide — 479
Engines Diesel — 480
Engines Gas & Gasoline — 480
Engines Rebuilding & Exchanging — 480,481
Engines Supplies, Equip & Parts — 481

Engravers Metal, Plastic, Wood, Etc. — 481
Engravers Stationery — 481
Engrossers See Calligraphy Servs — 280
Entertainer Family & Business — 481
Entertainment Adult — 481,482
Entertainment Agencies & Bureaus — 482
Envelopes — 482
Environmental, Conservation & Ecological Organizat — 482
Environmental & Ecological Consultants — 482
Environmental & Ecological Equip & Servs — 482
Environmental Testing Equip See
Air Pollution Control — 20
Vacuum Equip & Systems — 1199
Epoxy Flooring See
Floor Materials Retail — 506,507
Floor Materials Whsle & Mfrs — 507
Floors Industrial — 507
Terrazzo — 1150
Erecting Contractors See
Machinery Movers & Erectors — 751
Riggers — 1016
Steel Erectors — 1108
Erosion Control — 483
Errand Servs See
Delivery Serv — 381,382
Messenger Serv — 771
Personal Servs & Assistants — 844
Escorts-Personal — 483,484
Escrow Serv — 484
Estate Appraisers See Appraisers — 43
Estate Consultants See
Attorneys — 52-108
Estate Sales — 484

黄页中的潜在用人单位列表

使用当地的黄页索引来确定你能够联系的至少 10 类用人单位。把它们列在这份表中，同时注明你感兴趣的程度等级。

目标单位类别	兴趣等级 *
1. ________	________
2. ________	________
3. ________	________
4. ________	________
5. ________	________
6. ________	________
7. ________	________
8. ________	________
9. ________	________
10. ________	________

* 兴趣等级：1 = 听起来很感兴趣。2 = 不确定是否感兴趣。3 = 听起来毫无兴趣。

正如你看到的，浏览这份黄页让你找到了原本你很有可能忽视的工作机会——而这仅仅是黄页索引书中的一页纸而已。

虽然这个过程听起来容易，但有效的“冷接触”却需要在实践中不断积累经验。在第七章中你将学到更多如何进行有效的电话沟通及“冷接触”的技巧。

在没有预约的情况下直接拜访老板

如果你不拘泥于常规，在求职中会有很多机会与老板直接接触。例如，在你结束面试回家的路上，留意是否还有其他公司需要你这样的人才，顺便走访这样的公司并要求见相关负责人。在规模较小的用人单位中，负责人通常是经理或业主；在较大的用人单位中，可以要求与可能是你未来工作部门的负责人面谈。

很多时候，你不必预约就可以与负责人面谈。如果可以，告诉这个负责人你正在求职，并简要谈谈你的资历。如果对方告诉你该公司目前没有空缺岗位，那就和他谈谈将来出现岗位空缺的可能性。如果老板看上去没有时间，设法拿到他的名片，然后跟他另约时间。

虽然这种方法需要很大的勇气，但往往非常奏效。如果你能给他留下好印象，将来公司出现岗位空缺时你就很可能被优先考虑！

小贴士：

这世上没有永远奏效的妙招。在没有预约的情况下有时会赢得面试机会；有时，你需要动更多的脑筋才能使自己不被拒绝。例如，如果你想交谈的人恰好不在，问问其他人是否可以帮助你，并请他（她）转告老板你会打电话或发电子邮件。给他（她）和老板留下你的 JIST 卡（详见第七章）。然后，与老板联系，要求面谈。

你新认识的那个联系人,如果他(她)喜欢你,可能会替你说句好话。一定要有创意!继续行动,不要把别人一开始的拒绝作为一个最终的答案。

方法4:使用互联网帮你求职

在本章一开始我就说过,在Monster.com这样的网站上张贴你的简历应该会很有帮助。不过,我建议你这样做的同时还要使用其他的求职方式来积极求职,直到成功。

借助互联网求职的九种方法:

尽管我要郑重地提醒你不要过度依赖在求职网站上得到的答复,但同时,我鼓励你在整个求职过程中使用互联网。以下是一些你可以利用互联网求职的方法:

- **借助社交网络建立你的社交圈。**你可能认为自己的社交圈并不够大。但当你认真梳理求学和工作期间认识的人员范围时,你会很吃惊地发现原来自己认识这么多人。类似于人人网、微信这种社交网络将会帮你找出这些人,可与之取得联系并将你正在求职的信息在圈内进行传播(同时你也可以这样去帮助别人)。
- **借助在线资源找到未来老板。**我已经讲过如何利用网络和印刷版的黄页来找到你可以进行"冷接触"的老板。通过网络版黄页,你可以查到那些通过关系网认识的用人单位的网站。有些用人单位的网站提供了员工名单及其电子邮件地址或电话号码,这样你就可以与其公司联系并询问面试等事宜。
- **找到未来的就业单位。**找到潜在就业单位的网站,弄清楚该公司从事什么业务,也可以利用谷歌等网站搜索更多信息,这将有助于你进行面试准备。
- **搜集将要对你进行面试的负责人的相关信息。**你可以在相关网站上做功课,找到将要对你进行面试的负责人的相关信息。可能你们有共同的交际联系人,或者你可能找到一些面试开始时能起到"暖场"效果的共同话题。
- **在微博上关注可能雇用你的老板。**你可以在网站上找到并关注那些有可能雇用你的老板。通过微博你可以初步了解对方公司概况,还可能先人一步找到空缺岗位。你可以通过微博让可能雇用你的老板认识你。
- **在面试前通过邮件联系。**电子邮件是用人单位获取外界信息的重要途径。通过电话或电子邮件进行初次联系,然后继续通过邮件让对方了解你的简历等信息。
- **面试之后表示感谢。**面试之后你应该马上说谢谢,通过电邮致谢也可以。但发送电子邮件或邮寄卡片时最好附上JIST卡。关于感谢信的更多信息详见本书第八章的内容。
- **弄清面试地点的具体位置。**参加面试时应该适当早到一会儿。去参加面试前可用www.mapquest.com网站或其他地图搜索网站弄清面试地点的具体位置。
- **利用目标网站建立关系网、获取求职推荐。**许多网站都开设论坛供具有相似的技能和兴趣的人群进行交流。你可以按照自己的兴趣爱好找到这种专业机构的网站,看看能否发布信息,并说明你需要这方面的工作和建议。问题的关键是你使用网络建立关系网并获取求职推荐,这个过程一定要主动地完成。

网络是一个重要的工具,在求职过程中你可以全方位地使用网络。但千万记住,互联网是沟通工具而非求职工具。一定要合理地用互联网来帮助你积极寻找尚未进行宣传的工作机遇。不要把所有的时间都花费在搜索公开发布的招聘信息及与求职无关的事情上。

提升在线搜索效率的四点建议

以下几点可以让你高效地使用互联网求职：

- **整理你的网络博客和个人信息。**你是否曾在网上写过日志、博客或者其他信息？如果有的话，一定要注意修改这些信息。假设某个老板看到这些信息，要确保他（她）不会认为其中存有不妥的地方。一些在线职位搜索网站建议他们的会员一定要注意自身展示的形象。“求职者应该避免在网上发表任何可能引起招聘人员说‘天哪！’的信息。不管你是否承认，微博和人人网都是公共网站，求职者可以通过这些网站让自己从同伴中脱颖而出，并获得良好的初次印象，在这些网站上要避免发布一些彻夜狂欢的信息和照片。如果你不打算把这些放入你的个人简历中，那就不要随意将这些信息发布到互联网上。”如果你确实发布过这样的一些信息，即使你为这些信息或照片设置了隐私权限，即使只有你的朋友才能看到那些随心所欲的状态和不甚雅观的照片，这些信息仍然存在泄密的可能。如果你周围的人曾经发布过一些有损你个人形象的信息，一定要让他们删除。
- **经常查收电子邮件。**相对于电子邮件，你可能更喜欢用即时通讯工具，但是许多老板会通过电子邮件来跟你联系，所以每天都要查看你的邮箱，并尽快地回复。
- **在电子邮件中使用正式的书面用语，并且确保其中的语法和拼写都正确。**尽管很多手机短信和电子邮件中使用的语言不太正式，但邮件中语言随意性太强可能会给老板留下不良的第一印象。所以在发送电子邮件之前要认真地撰写内容，仔细地检查语法、拼写和其他细节。
- **只在老板用即时通讯工具与你联系时才能用即时通讯回复。**不要假设每个老板都希望收到你的即时简讯，因为他们认为这样做不合适。所以除非老板用即时通讯工具与你联系，否则一定要用电子邮件与其联系。

方法5：发送感谢信，并进一步跟进

继续跟进是求职中非常重要的一部分。在跟老板或联络表中任何一个人交谈之后，应该给其发邮件或短信来表示感谢，并告诉他（她）你会在某个特定的时间再次跟他（她）联系并乐意回答任何问题。此外，要跟你的联络表中的每个人保持一个友好而礼貌的关系。继续跟进和感谢那些帮助过你的人是一个很好的习惯，这很可能会在求职的过程中帮到你。

> “继续跟进和感谢那些帮助过你的人是一个很好的习惯，而且这也很可能会在你找工作的过程中给你帮助。”

不仅仅是出于礼貌

在面试之后写一封感谢信不仅仅是应聘者的礼貌，这很可能关系到求职者最后是否会如期获得工作。CareerBuilder网站上关于“如何迈入职场”的一项调查显示，大概有15%的老板表示他们不会考虑聘用面试后没有发来感谢信的求职人员，32%的老板表示他们会继续考虑这些求职者，但对这些人的印象已大打折扣。

从效率相对较低的求职方法中获益

最有效的求职方法是主动进行的，绝不能被动。例如，在线上传你的简历或者填写申请表格就是被动的行为，因为这需要老板来和你联系。更加积极主动的方式包括直接与老板联系并提出要求面试。你可以通过电话或者电子邮件来约定面试的时间，这样你成功求职的概率会大大增加。

被动的求职方法会导致老板根本不与你联系。所以试想一下，如果你填完申请表就走开，你将永远得不到老板的回应。但是如果采取进一步行动，询问分管人事的负责人，你将有可能得到面试的机会。

不管采取何种求职方法，你的目标都是获得面试机会。本章节将会帮你灵活运用各种方法直接找到那个最有可能雇佣或管理你的人。

常见的被动求职方法

不要被动地求职。当然即使采取了被动的方式，也有可能通过其他方面的努力增加自己成功的概率。以下是一些经常被大家采用的被动求职方法和一些能够增加求职成功概率的小窍门。

职业中介公司

作为一种商业机构，私人职业中介公司既向招聘者收费，也向应聘者收费。你经常会在报纸的求职栏目或者黄页中看到他们的广告。他们所收取的费用有时可能低于月收入，有时可能是年薪的15%或更高。要认真选择合适的职业介绍所。最近一项调查显示，相对于之前，更多的人通过收费的职业介绍所而找到工作。但是同时，通过私人职业介绍所求职成功的人还是相对较少的。

你什么时候需要利用职业介绍机构呢？以下几个小窍门会给你帮助。

- **如果你的技能很热门并有一个清晰的工作目标，求职中介可能对你更为有效。**例如，一名有经验的会计师、医疗技术人员或者木匠可能会比一个想要换个职业的教师或者应届毕业生更容易找到工作。
- **要求用人单位支付费用。**向中介寻求用人单位支付费用的工作。除非用人单位支付费用，否则找一个盈利性的中介会十分昂贵，对于大多数求职者来说，选择这样的中介并不明智。
- **通过自己找工作来节省费用。**许多求职中介的工作人员会直接打电话给用人单位，为自己的客户找工作，你也可以这么做。中介可以给用人单位打电话询问他们是否有空缺的岗位，同样你也可以为自己这么做，从而省去中间费用。
- **不要接受一份自己不喜欢的工作。**许多中介会要求你接受一些他们早已经安排好的工作，以此来获得酬劳。如果你觉得接受这份工作对你来讲颇有压力，那么跟他说你需要在晚上的时间来认真思考一下，然后再决定你是否接受。
- **警惕求职中介的招聘广告。**求职中介在报纸上刊登的招聘广告非常具有吸引力。但是你将发现这些职位根本不存在，中介更希望你接受另一份稍逊点的工作。
- **查询中介的网站。**大多数私人求职中介都有自己的网站。许多大型中介的网站会告诉你他们做什么，列举他们的费用明细，有的甚至会提供空缺职位。在线黄页列表中或许就有这些职业介绍中介的网站地址。
- **继续找工作。**即使你决定找一家私人中介来进行求职，也一定不要放弃自己来找工作。一个合法的中介不会因为你自己找到工作而要求你支付费用，更不会限制你通过何种方式来找工作，所以尽量找一家专门提供你喜欢的工作类型的中介机构。如果你决定接受他们的服务，记得要继续关注其他的工作机会。

- **不是所有的求职中介都有兴趣帮助失业的人。**猎头公司是由用人单位支付费用的专业职业中介机构，专门寻找有出色工作经历的在职人员。无疑，他们不会对正在找工作的失业者感兴趣。

政府综合职业服务中心

每一个国家都会审核和处理失业人员的赔偿要求，提供免费的求职帮助。不同地区的服务显然是不一样的，许多综合职业服务中心会提供很宽泛的成套服务。这些服务包括提供职业资料、电脑和复印机培训、组织职业爱好和技能测试、举办求职论坛、帮你寻找托儿服务或其他社区服务、GED 和英语语言援助、开设技能培训课程，为撰写简历和网上求职提供帮助等等。这些服务中心会列出当地用人单位提供的空缺职位信息，并通过网络提供全国的求职信息，所有的这些服务都是免费的。

全美有 2 000 多家综合职业服务中心以及 1 500 多家附属机构，你可以通过登陆 www.careeronestop.org 找到离你最近的服务中心。

在你找到这个服务中心后，在开始求职时要当面了解其提供的相关服务，你甚至有可能符合以下特殊帮扶条件：残障人士、退伍军人、下岗工人、青少年人群、老龄工人、妇女、家庭贫困者及其他。

求职广告

求职广告经常可以在网上查到，这就意味着很多人可以看到这些信息。因此针对这个应聘岗位的竞争也会更加激烈。尽管如此，仍有人能够通过这种方式找到工作。因此，要多关注那些报纸上的求职广告，看到的合适的岗位一定要敢于尝试。

使用求职广告的 6 点小提示：

以下是一些在选用求职广告时能够增加你找工作成功率的小提示：

- **定期阅读求职广告。**通常，周三和周日的版面中有更多的招聘广告（尽管近些年这样的报纸版面已经缩减了不少）。你感兴趣的工作不一定会放在显著的位置，所以要仔细阅读每一条求职广告。例如，会计师的招聘信息可能会出现在“簿记员”、“会计员”、“管理员”或其他的职位名称列表中。
- **在线阅读求职广告。**如果你经常看的那份报纸会在网站上发布求职广告，那么它很可能会告诉你具体发布在了哪个网站上。你可以在信息刊印之前就从网站上提前得知招聘需求，也可以通过关键词、日期和其他条件来搜索招聘信息。
- **即使你的条件不是太符合要求，对于自己感兴趣的广告也一定要积极回应。**招聘者有时候会列出具体的技能要求、学历要求及其他条件以筛选求职者。例如，他们有“本科学历”的要求，但最终雇用了一些经验丰富但是没有文凭的人。
- **尝试与招聘人员直接联系。**除了发送求职广告所要求的个人简历外，可以打电话询问分管这次招聘的人，并进一步讨论这个职位。求职广告中可能会含有这个公司的名称或者公司主页等信息，你可以直接通过电子邮件联系负责招聘的权威部门。这种更为直接的方式有时候会更有效并可以提高你命中的几率。
- **查看旧的招聘广告。**招聘公司在做广告招聘某个岗位的同时，肯定也有未做广告的空缺职位。过去做广告招聘的职位或许还在空缺，抑或招到的人员并没有最终报到上班。那么这时候，你就会是这个岗位上唯一的应聘者。

- **在晚上或周末的时间阅读招聘广告或在网上浏览招聘信息。**把工作日白天的时间节省下来，用来跟老板直接交流。

与人事部门和人力资源部门打交道

以下是一些与人力资源部门打交道的注意事项：

- **只有规模比较大的公司才有人力资源部。**小型公司很少有单独的人力资源部来处理招聘事宜。所以如果你的求职计划中只包含向人力资源部或者人事部门递交申请或简历的话，你会错失3/4的工作机会。即使非常大型的公司也经常用小型部门取代正式的人力资源部来处理招聘事宜。
- **人力资源部门的职能是筛选人员。**你或许认为提交简历或申请后再与人力资源部门的工作人员进行面试，接下来你就该被录用了。实则不然。如果你的技能正好符合某个空缺岗位，你可能会被推荐到相关部门的领导那儿。但更为可能的是对方会把你的简历和别人的简历统统装入文件夹，然后递交给某部门领导手里最后拍板。
- **人力资源部门只是可以组织面试。**除非你想要在人力资源部门工作，否则接受他们的面试也不会有什么明显优势。有时人力资源部在获得空缺岗位的信息之前，这些岗位就已经被老板所信任的人填补了，所以许多大公司的老板喜欢录用他们信任的人，类似的情形比比皆是。

如果上述内容让你看了觉得气馁，那就请看看积极的方面。当其他求职者正在接受人事部门筛选的时候，你可以花一点时间来找到一些小型公司，或者使用一些办法，通过人力资源部直接找到那个能做录用决定的人。

盲目发送简历

给你不认识的人发送电子邮件或者邮递信件通常不会有什么效果。我知道许多求职书中推荐这种方式，但是没有证据可以证明这种方法的有效性。虽说一份优秀的简历可以在求职中帮助你，但除非你方法恰当，否则这并不能给你带来预期的面试机会。

我会在第七章中详细讲简历。在这只是要告诉大家使用简历的小窍门：

- **很少有人通过给毫不认识的人寄送简历而得到工作。**更好的办法是要么先亲自和老板接触，要么通过邮件或者电话联系，主动要求面试，然后再寄出简历。
- **确保自己一开始找工作就有一份像样的简历。**起初先写一份简单的简历并马上把简历用到自己的求职中，之后一定要不断修改和完善自己的简历。
- **把你的简历送给你的朋友、亲人或者任何能够想到的人。**通过别人转递自己的简历，以此向更多的人推销自己。

其他可以考虑的求职选择

多数人会使用我在此章节中所讲述的某种方法来求职，其他可供参考的方式有：

- **政府公务人员工作。**在劳动力市场中，联邦政府、州政府和地方政府的工作是一个重要的组成部分。申请公职通常会要求你遵循特定的过程。你要花费很长时间来获得面试机会，更长的时间等待录用通知。即使这样，这种工作往往值得等待。

跟当地相应的人事部门联系查找那些关于地方政府、州政府和联邦政府的工作信息。州政府和地方政府机构也会在网站上提供相关信息，还有两个网站提供联邦政府工作的岗位信息，分别是 www.ajb.dni.us 和 www.opm.gov。名为《联邦政府工作向导》的这本书（JIST 出版）也可以作为不错的资料。

- **自主创业**。大约有 12%的求职者选择自主创业，这也是目前或将来你可以考虑的一个选择。当前选择自主创业的人越来越多。如果你想加入其中，那就从现在起开始学习一些自主创业的方法。图书馆里有许多有用的书籍和材料，中小企业主权益保护局（www.sba.gov）也会提供一些免费的资料可供参考。另外一个妙招就是去你想创业的同类型企业里工作，这是你经营类似企业的最好办法。如果你要在家族企业中工作，那么去相关的行业中接受教育、培训并积累工作经验吧，这有助于你在担任领导后能更好地壮大家族生意。
- **无偿自愿工作**。如果你缺乏工作经验，或者尚未被聘用，你可以考虑无偿自愿工作。或许你可以主动要求在公司里工作一天或者一周来向老板证明你的能力，并且承诺如果你完不成任务，你会毫无怨言地离开。这种方式相当奏效，很多老板会给你一次机会，因为他们十分欣赏你这种态度。
- **临时职业介绍所**。临时职业介绍所会介绍从几天到几个月的各种不同工作。他们对用人单位的收费高于用人单位给你的薪水，所以其实你不需要直接向介绍所付款。许多私人职业介绍所现在也提供临时的工作岗位。临时职业介绍所在这几年发展很快、越来越多，给求职者提供了短期的帮助，用人单位会在临时职业介绍所中找到他们的理想员工。临时职业介绍所会介绍你在不同工作环境的不同岗位工作，这些经验有助于你找到一份长期的工作。
- **军队**。军队是国家最大型的用人机构之一，140 万人从事不同领域的工作，另外还有 80 万的预备役及国防人员。军队会在服役期间以及退伍后提供免费的培训、教育和大学课程的助学贷款。军队囊括了几乎所有的行业种类。在退役后，那些在专业训练中学到的技能可以直接用于普通工作中。你可以在 www.todaysmilitary.com 和 www.militarycareers.com 的列表中查找更翔实的信息，也可在 www.militarycareers.com 上看到更多的职业和培训选择。
- **学校的就业援助**。如果运气好，你的学校在职业规划及求职方面会提供帮助和对你有用的讯息。如果学校提供招聘岗位，听取辅导员的建议并参加事先约定的面试。不要错过学校提供给你的任何面试机会。
- **专业协会**。许多职业领域有专门的协会，这些协会是很好的信息来源。《职业展望手册》（www.bls.gov/oco）中列出了与每类工作相关行业的专业协会（包括网址在内）的联系方式和网址。考虑一下去参加一个或几个这样的协会，然后找到其中的一个成员为你打开求职门路。
- **学徒培训**。学徒培训是一份正式的营生手段，可以让你在经验老到的工人的监督下学习经验，而且是带薪的。这种营生通常包括与工作相关的正式的课堂训练。现已有注册的包括培训演员、驯兽师、烘焙师、测量师、卡车司机等 800 多个工种，这其中总会有你感兴趣的那一行。《通过学徒培训获得 250 个最好的工作》（JIST 出版）这本书可以为你提供最好的参考，或者你也可以通过联邦政府设立的 www.doleta.gov/OA/eta_default.cfm 网站来获取相关资料。

勇于创新，认真组织你的求职

阅读本书会让你比自己的竞争者更好地进行求职准备，这对你来说是件好事，因为用人单位更愿意录用那些在求职和面试中比他人表现优秀、更有资历的求职者。

但是在求职中如何利用时间、使用什么技巧则完全取决于你。那些在短时间内找到工作的人都综合运用了多种求职方式,绝不仅仅是一两种。你永远都不知道哪种求职方法最有效,所以做好运用多种方式求职的准备,并做好后续跟进。

如果你还在上学或者正在工作,那么将所有时间都用来找工作一定很困难,但一定要尽可能多地把时间用在这方面。如果你还在学校或者正在接受培训,尽量在结束学习之前获得面试机会,最好是在你毕业之前已经找到工作了。如果你的运气没那么好,就在你结束课程之后尽可能多地花时间来找工作。

在本章中我介绍了一系列的求职方法,你需要在求职过程中发明一些创新性的方式。要勇于尝试自己之前不敢涉足的领域,永不言弃。

如果你继续阅读本书,有一些关键的问题需要记住:

- 多数工作不会做广告宣传。
- 一定要综合运用多种求职方法。
- 某些最棒的门路是熟人介绍的。
- 在与潜在老板接触之前不必一直等待空缺岗位。
- 尝试直接联系可能会雇佣你的人。
- 后续一定要跟进。

案例:你可能想不到……

作为一名年轻的市场部经理,瑞克深知在商业领域中,拥有关系网所得到的回报会超出你的想象。他每天都会花不少时间通过电话和邮件联系已有的客户和商业伙伴,并通过这个办法积极争取新的合作伙伴和更好的商机。他深信,与客户之间建立并保持稳定的合作关系是工作成功的关键。

事实上,瑞克在此之前也运用过同样的人际策略。大学期间他就读于商科专业,在他大专毕业后马上与当地商界中有发展潜力的人员取得联系,并与他们研究如何帮其开拓业务、提升收益。凭借他的积极努力,瑞克很快在当地的商界脱颖而出,并接到了很多工作邀请。如今,他把这种人际策略也应用到了工作当中。他说:“主动联系客户会让客户更加了解我推销的产品。同理,我也是这样去找工作的,只不过那时客户是即将聘用我的老板,而产品就是我自己。”

第7章

建立并使用个人简历、求职信、职业档案和求职简卡

即使简历本身并不能确保使你找到一份工作，但是你仍然需要一份简历。本章将详细介绍如何撰写一份好的简历、求职信以及如何将简历中重要的细节压缩成被称为“求职简卡”（JIST Card）的迷你型简历。此外，还将介绍另外一种帮助求职者向面试官全面展示求职资格的职业档案。

虽然简历并不意味着能帮你找到工作，但你仍然需要它

许多关于简历的书以及求职“专家”都会告诉你一份好的简历很重要。他们认为相比那些不出彩的简历，一份好的简历会帮助你得到更多的面试机会。很多网站鼓励你将简历发到网上供“成百上千”的老板浏览，但是能否得到工作机会并不取决于简历，而是取决于你本身。

尽管一份糟糕的简历可以让你出局，但是通常情况下，单纯依靠一份简历并不能得到面试的机会。得到面试机会最好的方法是直接的人际交流。前几章的学习帮你了解到大多数人是通过一两个小技巧找到工作的。他们或是通过他们所认识的人（暖接触）找到门路，或是通过直接与老板联系（冷接触）而得到认可。

> 不诚实便不可能有尊严。
>
> ——西塞罗

通过电子邮件或纸质信件寄出很多简历并非是找到工作的有效途径。将自己的简历发到相关的招聘网站上也不能帮你收到多少回复，除非你的工作技能很热门。尽管几乎所有的找工作的技巧对某些人而言是有效的，但是对你却未必灵验。大量投放简历常常会延误与潜在老板的直接交流。你的简历会被放在一堆简历中间，或者与其他求职者的简历一起被装进资料库中。在这种情况下，即使拥有一份不错的简历，你也很有可能被淘汰或忽视。

为什么你必须有一份简历

尽管简历或许不是得到面试机会的最好方式，但是你需要一份简历，原因如下：

- 老板希望你有简历
- 漂亮的简历能帮你向老板展示你所希望展示的一切
- 在网上申请职位时需要简历

老板们通过简历提前了解你的资历和工作经验。这样，他们就不必占用宝贵的面试时间去了解这些了。

做好一份简历会促使你总结工作经历的亮点，这样，在面试中你就可以更好地谈论自身情况。如果你希望通过网络找到工作，你需要将电子版的简历发给你的老板或是发布在可搜索到的求职网站上。

5种最有效使用简历的方式

即使是一份完美的简历也无法帮你得到面试机会，除非你能有效利用它。以下是如何有效利用你的简历以获得更多面试机会的好办法。

1. 首先，要得到面试机会。通常情况下，在投递简历前，最好先通过电话、电子邮件或面对面交谈方式联系用人单位。可能的话，由你认识的人推荐或者直接和老板进行一次“冷接触”来要求面试机会。如果目前没有空缺的职位，那么打探一下未来可能出现哪些职位空缺。

2. 然后再投递简历。如果可能的话，约好面试时间后要用电子邮件或其他形式邮寄简历给用人单位。这样，老板就能在面试前了解你。宝贵的面试时间就能用来讨论你的工作技能而非那些已经在简历中展示的信息。

3. 以致谢函跟进。面试一结束，便寄送致谢函。即使是通过电子邮件与老板交流，也最好另外邮寄一份致谢函。在致谢函中可以附寄 JIST 求职简卡或是求职简历。（JIST 求职简卡是迷你型简历，本章后文中会有详细介绍。）

4. 在日益增多的求职网站上把你的简历和 JIST 卡投放给每一个人。这是一条能帮助你在网上搜寻未公开招聘的职位的有效方式。这些网站会将你的简历和 JIST 卡发送给那些对你工作技能感兴趣的老板。

5. 如果不能直接联系，用传统的方式投放你的简历。在某些情况下，你或许不能轻易地与老板进行直接的交流，例如，你在网上投放简历，某一老板或许会先联系你，或者如果你回复了一条只提供通信信箱号的招聘广告，因此无法联系到某个具体的人，这时就要继续用传统的方式投放你的简历，但是也要计划使用一些更加主动的方法。

工作天地

简历与你的背景匹配吗？

《录用服务指南》最近的一份调查显示，高达80%的公司会调查潜在员工的背景。这些录用前的调查强化了从一开始就得坦诚可靠的必要性。毕竟他们一定会通过某种方式查清实情，若情况属实，他们会欣赏你的诚实。

撰写简历的7个窍门

不存在撰写优秀简历的固定规则。每份简历都是不同的，但是以下是我所了解的在撰写简历时需要注意的几点：

1. 亲自写简历：建议参考本书中或是其他地方的简历样板，但是不要在你的简历中使用它们的内容，如果使用的话，你的简历看上去似乎是其他人的，许多老板会猜测这不是你写的，显然，这样对你很不利。

2. 斟酌字句：大多数简历应该限制在一到两页。写完草稿后，要修改至少两遍。如果某个字词或句子无法展示你做这份工作的能力，那就删掉它，简历往往是越短越好。

3. 避免错误：即使是简历中的一个小错误也可能造成很坏的负面印象，而这足以将你淘汰。请其他人检查你的简历并找出语法和拼写错误。打印终稿前，再检查一遍你的简历，再怎么仔细也不为过。

4. 让简历看上去漂亮：众所周知，外表可以产生持久的印象。因此，简历必须看上去漂亮，要有好的设计和格式。本章后半部分，我将会提供更多的关于如何制作外观漂亮的书面简历和电子简历的建议。

5. 突出你的成就：简历不是展示谦恭的地方，要强调成果，分享一些事实和数据以展示你的成就。比如，不要写"我擅长人际沟通"，而应该写"我分管并培训了5名员工，并且将生产率提高了30%"。样板简历和JIST卡经常包括一些数字。数据会让你的简历与众不同。

6. 首先制作一份简单的简历：在制作"更好的"简历的过程中，不要推迟求职。许多求职者花费了大量本应该外出找工作的时间来修改简历。最好的方法是迅速做一份简单但没有错误的简历，然后开始积极地求职。你可以利用晚上或是周末去继续改进你的简历。

7. 让简历生动：多使用动词短语和简短的句子，让简历简洁有趣。

简历的3种基本类型

简历的类型多种多样，但是最常见的两种是按时间顺序编排的和按技能编排的简历。我将会向你展示如何制作这两种简历，并且提供简历样本。此外还有第三种类型的简历样本——混合形式的简历，它是按时间顺序编排和按技能编排的简历的融合体。每种简历类型既有优点又有缺点。哪种类型的简历最适合于你取决于你个人的具体情况。

下面让我们看一下每种简历类型，并进一步了解它们在不同情况下的优缺点。

按时间顺序编排的简历（The Chronological Resume）

Chronology一词指的是按照时间顺序。按时间顺序编排的简历先写你最近的工作与经历，然后再按时间顺序回溯你以前的工作与经历。以下是同一个人的两份简历样本，都是按时间顺序撰写的。

先来看第一份简单的简历(下页)。注意求职目标和求职者的经历是如何组织的。尽管这份简历有待完善，但是它展示了很多事实，算得上是一份可以被很多雇主认可的简历。

这份简历效果不错，是因为大卫想要寻找的工作属于他目前的职业领域。他有良好的工作经历并受到过相关的职业培训。注意他的工作责任是不断变大的。他也强调了他已有的技能和经验将有助于他继续提高。这份简历还包括了"应用能力"一栏。在此大卫列举了他的计算机专长，而许多求职者通常不会把这项写入简历中。只需再花一个小时就可把这份简历改得更完善。改后的简历对于大多数求职需要而言都会收到不错的效果。

第二个例子是第一份简历的改进版。这份改进的简历更加突显了求职目标和"销售与市场营销经验"、"教育和培训"以及"计算机技能"等部分。注意增加的数据部分所产生的效果。例如，"国际销售力量500强"、"销售量增长27%"、"个人销售额翻番，从149 000美元增长到312 000美元"，以及"区域销售额增加30%，位列第一"。如此改进第一份简历需要花一到两个小时。第一份简历不错，但是大部分老板更欣赏改进版的简历中所增加的积极信息。

基本的按时间顺序编排的简历样本

大卫 D . 迪灵汉
加利福尼亚州拉古那尼格尔市
南约翰斯通大街 4321 号 邮编:92321
(714) 555-555

出版业工作经验:

加利福尼亚州洛杉矶国际出版公司

事业部 营销部经理 ××××年至今

青年部区域销售代表 ××××年～××××年

- 负责营销价值25 000 000美元的各类图书
- 协调作者、编辑和销售团队间的联系
- 雇佣、培训和管理市场营销助理
- 开发市场营销的资料、销售工具以及为销售团队和消费者制做广告
- 为综合大学、州立大学、社区学院、私立学校、职业技术院校和书店提供服务
- 通过个人拜访、书会和贸易展览会展示图书产品
- 规划旅游行程、年度预算、销售目标的预测
- 账目开发、维持、服务
- 年度取得的销售目标及其增长情况

纽约州纽约市东方出版公司

区域销售代表 ××××年～××××年

- 向综合大学、州立大学和零售商店再次展示图书清单
- 确定并执行订单、提供客户服务
- 负责处理行政任务、备案和所有数据的文件处理
- 准备邮递,处理所有的通信

加利福尼亚州旧金山哈考特出版公司

内部销售代表 ××××年～××××年

- 销售计算机科学、物理、数学、科学和护理等方面的教材
- 通过远程销售联络客户
- 挖掘潜在的评论家和作者
- 增加了30%的市场

教育:

加利福尼亚大学伯克利分校政治学学士 ××××年

加利福尼亚州埃尔克松市社区学院大专文科学位

应用技能:

熟练应用 PPT, Word, Access, Excel, WordPerfect, Lotus Notes, Internet Explorer, Employee Appraiser(员工评价软件)等软件。

专业销售技巧培训、洛杉矶保护艾滋病患者活动志愿者。

该简历改编自 Susan Britton Whitcomb 所著的《神奇的简历》(JIST 出版社出版)。

按时间顺序编排的简历的改进版

大卫 D. 迪灵汉

加利福尼亚州拉古那尼格尔市南约翰斯通大街 4321 号 (714) 555-555

邮编:92321 david.dilingham@gmail.com

出版行业

销售与市场营销

销售与市场营销经验

营销经理　加利福尼亚州洛杉矶国际出版公司　××××年至今

负责营销价值 25 000 000 美元的各类图书。为 500 强的国际销售团队策划生产策略、市场营销的资料、销售工具以及广告。招聘、培训和管理市场营销助理。预测和管理财政预算和制定销售目标。亲自向服务大学和图书零售商销售。在贸易展会和书展上推广产品。

- 通过创新性的国际市场营销策略实现了销售额 27%的增幅。
- 个人销售额翻番,从 149 000 美元上升到 312 000 美元,对这一区域来说是前所未有的增长。
- 在销售量方面,领先 10 个地区代表,超额完成任务,达到 22%(远远超过公司平均 8%的增长)。
- 起初遇到实现停滞一年多的生产线好转的挑战;成功地把主要的竞争者转化为重要的客户,抓住了新的全国销售的契机。

区域销售代表　纽约州纽约市东方出版公司　××××年～××××年

在西部 7 个州和加拿大 3 个省为数学部进行销售

- 接触到了著名的客户,像斯坦福大学和加州—伯克利大学(以前禁止销售推介)。
- 增加了该地区的销售额(这一区域的销售额 7 年来一直停滞不前)。

内部销售代表　加利福尼亚州旧金山哈考特出版公司　××××年～××××年

在加州、内华达州和俄勒冈州将 100 多种计算机科学、物理、数学、科学和护理等方面的教材销往大学书店。

- 区域销售额增加了 30%,位居部门第一(此前无行业知识)。
- 调查和挖掘潜在的评论家和作家。

教育和培训

加利福尼亚大学伯克利分校政治学学士　××××年

专业销售技能培训

计算机技能

微软办公软件(PowerPoint, Word, Access, Excel), WordPerfect, Lotus Notes, MISE, Employee Appraiser(员工评价软件)

该简历改编自 Susan Britton Whitcomb 所著的《神奇的简历》(JIST 出版社出版)。

按时间顺序编排的简历的优缺点：

- 优点：按时间顺序编排的简历是书写最容易和最迅速的一种。许多老板想了解你曾经的工作信息，包括工作起止时间和地点。如果你的工作经历和你想找的工作相似，这种类型的简历效果不错。
- 缺点：按时间顺序编排的简历或许会暴露你的缺点。它立即向老板展现了以下方面的不足：工作空白期、跳槽频繁、缺乏与求职目标有关的工作经验、刚刚毕业，以及其他潜在的消极因素。如果有这些情况，传统的按时间顺序编排的简历或许不是你最好的选择。
- 建议：按时间顺序编排的简历书写容易、快速。因此，我建议在制作出"更好"的简历前，先制作一个简单的按时间顺序编排的简历。然后立刻用这份简历找工作，不要耽误。或许在完成改进版的简历前，就能得到工作机会。

按技能编排的简历

按技能编排的简历有时被称作功能型简历。在这种格式下，以重要的技能为线索组织你的工作经历。一份好的按技能编排的简历强调你的求职目标所需要的技能。这些技能应该是你擅长的并且在下一份工作中会用到的。

阅读下面按技能编排的简历样本，注意它是怎样强调个人优势和能力的。胡安妮塔是应届毕业生，她所有的工作经历就是平日兼职和暑假打工。按技能编排的简历帮她突出展示了她的优势。这种简历使她以一种积极的方式展示了与求职相关的培训和工作经历。

按技能编排的简历样本

胡安妮塔·谢菲尔德

出纳/客服/库管

加利福尼亚州奥克兰市东42街5523号A栋公寓
邮编:94606
电话:(510) 484-2345
E-mail:jshepherd@hotmail.com

求职目标:服务意识强的客服工作。能够帮助建立和维护重要客户群。能够协助管理层以提供完善的服务和产品。致力于及时为不同的客户群提供友好的、专业的、适应性强的服务。

优势和能力

客户服务台/出纳

- 准确处理现金交易并高效地平衡现金账目。
- 快速回复顾客疑问和抱怨,不断听取顾客反馈意见,以确保高质量的服务。
- 新员工产品知识的培训、客户服务和收银台操作。

库管

- 注重细节,进行库存总量的清点和进货的管理。
- 能够一丝不苟地将货物进行分类以做好质量控制。严格执行公司政策,处理被损坏的货物。
- 能够快速检索所需货物并装载到铲车。
- 注重团队合作,能高效地储存、转运货物,确保存放合理、转运安全。

工作经历

Taco Bell, Hayward, CA ××××年至今

出纳员

在快餐店和餐厅柜台从事收银工作。准确地点菜、收银并能正确找零。高效、愉快地上菜。储存进货,完成其他交办的工作。

如有需要,可提供其他更多信息和资料。

该简历由Leatha Jones提供,改编自Michael Farr所著《当日简历:1小时写出有效简历》(由JIST出版社出版)。

和按时间顺序编排的简历一样，按技能编排的简历也具有优缺点。

■ 优点：按技能编排的简历可以展现职业生涯中所获得的成就。如果你希望避免按时间顺序编排的简历可能出现的问题，该简历是个不错的类型。例如，胡安妮塔的简历就很好地展示了她所能做的一切，却并没有暴露出她的工作经验局限于兼职和暑期工作的问题。它同时也没有说她是一名应届毕业生。写得好的按技能编排的简历能展示你的专长，同时避免暴露你的缺点。它还可以避免透露工作历史记录中有限的工作经验和工作空白期。

■ 缺点：由于按技能编排的简历可以掩盖一些细节，有些雇主不喜欢这样，因此，可能导致求职者遭遇淘汰。此外，相比按时间顺序编排的简历，按技能编排的简历制作起来有些难度。

简历作为筛选工具

以下是求职培训联合会所做的一次关于简历和筛选过程的调查结果：

■ 80%的求职者在简历筛选过程遭遇淘汰。

■ 工作经验不超过5年的求职者的简历不应该超过1页。

■ 语法和拼写错误以及其他错误会给潜在的雇主造成很不好的印象。

■ 超过85%的老板认为求职信很重要。

混合形式的简历

混合形式的简历融合了按时间顺序编排的简历和按技能编排的简历中的元素。例如，一名应届毕业生或许会选用混合型简历，首先列举其重要的技能和相关的学校、工作和生活经历，然后再按时间顺序列举他所做过的工作。

正如后文所举的样本一样，混合形式的简历更能突出特色。在本章最后一部分另附了几个此种类型的简历样本，阅读这些样本，借鉴其中的好点子并应用到你的简历中。

钱很重要

退休的现实

得到你梦寐以求的工作从某种意义上说就是想象你再也不需要一份工作（或一份简历）。不幸的是，退休的前景却逐年复杂起来。寿命的延长和不断上涨的医疗花销增加了对于健康退休储蓄的需要。同时，社会保障机构的覆盖范围并没有以前那么广泛。那些给予退休福利与保障的公司，应该比其他公司得到更多的关注。尽管退休似乎是很遥远的事情，但是越早规划越好。

混合形式的简历样本

彼得 J. 麦克唐纳

密歇根州曼彻斯特市奥克巷 1922 号 邮编:48158　　家庭电话:734-555-9832

邮箱:pimcd@rr.com　　手机:734-345-6789

求职目标:汽车技师

职业资格的亮点

- 了解汽车生产程序。
- 能在短时间内熟练地诊断和修理汽车出现的故障。
- 熟悉福特技术终端和设备以及 Tech1/Tech2 服务设备的使用。
- 乐于学习,勇于负责,喜欢挑战。

教育和培训

密歇根州伊普西兰蒂市沃什特诺社区学院　　××××年～××××年

汽车电气服务教育专业　　大专

包括在职培训和与导师合作

福特汽车公司　　培训尚未结束

技术服务课程培训(如有需要,可提供课程名称)

证书

密歇根州汽车技师证书

刹车系统

悬挂系统

××××年××月的 A.S.E. 认证考试尚待完成

工作经历

密歇根州安娜堡市福特大学　　××××年至今

汽车技师

诊断、修理机械和电气故障

密歇根州戴克斯特市法布里克公司　　××××年～××××年

质量检验员

检查汽车在喷漆过程中前仪表盘出现的故障

密歇根州米兰市里尔汽车制造公司　　××××年～××××年

装配员

装配 4-WAL 和 R-WAL 类型汽车的防抱死制动模块

相关参考资料备索

该简历由 Jane L. Beckstrom 提供,改编自 Michael Farr 所著《当日简历:1 小时写出有效简历》(由 JIST 出版社出版)。

电子简历

网站仅仅需要文字，不讲究版式。它们把这样的简历放到数据库中，以便雇主们通过关键词进行搜索。本章稍后部分会给出电子简历样本和书写建议。你最好先制作标准简历，然后依据电子投放的需要予以修改。

教你写简历

无论选择何种类型的简历，你都可以让它与众不同。下面将介绍书写、设计和制作简历的技巧。这些技巧可用于制作任何类型的简历。在你阅读本章后半部分的简历样本时，请注意它们是如何应用这些技巧的。

- **名字和地址**：要使用正式的名字而非昵称。地址不要使用缩写，另外要写上邮政编码。如果你有可能搬家的话，告知邮局将邮件转到你的新住址或者在简历中上写亲戚家的住址。
- **电话号码和电子邮箱地址**：确保雇主能够联系到你是很重要的，哪怕只是通过留言的方式。写清一个或几个能够联系到你的电话号码。写上你的电话区号，确保你的电话应答机或留言信箱听上去够专业。大多数老板会通过电子邮件联系你，所以也要有电子邮箱地址。如果不方便使用电子邮件，那么从雅虎这样的邮箱供应商处申请一个地址，然后使用图书馆计算机定期查收邮件。同样，确保你的邮箱地址看上去够专业！
- **工作目标概述**：除了简历中的基本信息，列出你的职业目标或者职业生涯概要。通过本章所提供的简历样本看一下其他人是如何处理这一部分的。在简历中写具体的工作岗位，可能会让你失去角逐相关工作的机会。注意大卫·迪灵汉的简历就没有使用某一个具体的工作岗位名称或者简单使用“监管员”字样。
- **教育和培训**：列举与工作相关的所受培训和教育，包括参军经历。如果所受教育和培训是近期的或是你资历中重要的一部分，把它们置于顶部。然而，拥有5年以上工作经验的求职者常常把所受教育和培训信息置于简历底部。
- **先前的工作经历**：首先列举近期的工作，然后追溯以前的工作经历。将升职作为工作经历单独列出。把很久以前做过的工作或是与你目前工作目标无关的工作列到一起，包括在校期间做过的兼职。如果你没有多少工作经历，就把那些无薪酬的工作列出来，比如在家族企业帮忙或是一些志愿者工作，强调在这些经历中用过的技能，这会帮你得到你想要的工作，没必要说你做的工作是无薪酬的。
- **工作空白期**：工作经历的列表或许会存在空白。可能你由于上学、生孩子、干个体经营或者由于其他原因不能以传统的方式受聘，则可将这段时间以积极的方式展示出来。写“自主创业”或是“重返学校提升自身业务技能”要好于写“失业”。

  避免详细列出某年某月至某年某月未工作。例如，你从1月末到3月初失业了，就只写你工作的年份而非月份，比如：A工作 2009～2010；B工作 2010～2011。没有人能够知道你有2个月没有工作。
- **工作头衔**：许多人要承担比他们工作头衔更多的责任。有些头衔很特别但是对大多数人而言意义不大。像这类情况，使用一些能够准确表明你工作性质的词语。例如，如果你负责安排工作轮班的话，写"轮班经理"而非"服务生"。当然，要确保无误地展现你的工作责任。

- **成就**：老板想了解你擅长的工作和其他的经验。正如在面试中那样，简历也要描述你的突出成就，强调你负责的客户、生产量、培训的员工、销售额的提高以及其他有量化数据的成就。你也应该把其他社会活动中取得的特殊成就包含到简历中，比如在学校社团中的角色。

小贴士：

你可以通过改变职业目标和强调特定的经历和技能为特定的老板定制简历。在申请某一对你特别重要的具体工作或在不同行业求职时，这一点可能大有帮助。

- **个人资料**：这类信息不是必须要写的，谁会在意你多高或是你是否喜欢读浪漫小说呢？仅仅写一些有助于达成你个人求职目标的信息。
- **参考资料**：不要在你的简历中列举推荐人。如果老板需要的话，他们就会向你要的。在简历结尾标明"有推荐资料备索"以充分地利用简历上的空间。

关于诚实

好的简历展示的是优势而非劣势。但这并非说你应该不诚实地展示自己，不要写一些你实际并不具备的技能、没有获得的学位或资历以及其他不实信息。撒谎不仅仅是不对的，万一你被揭穿，老板还会炒你鱿鱼。

设计和制作简历的3个小窍门

简历内容非常重要，你如何展示简历也非常重要。在你写完简历内容后运用如下简单的小窍门会让它们更出众。

- **让简历看上去漂亮**：确保简历看上去漂亮。文字处理软件和好的打印机可以帮你制作一份看上去很专业的简历。所有的文字处理器都有简历制作模板和压缩工具，这样可以简化你的简历制作过程。

  如果你没有计算机和高质量的打印机，则可考虑许多图书馆在特定的时间内提供的计算机免费使用的服务。另外，大多数小型的打印商店和简历制作店都可以以低廉的价格，制作看上去非常专业的简历。
- **多复印几份简历**：在本书前面部分，你已经了解到了如何通过网络和冷接触获取大量的职位信息。你应该为每次联系准备至少一份简历和 JIST 卡，因此，应该多准备几份简历。在你找到工作之前，你或许需要投递几百份简历。
- **使用质地优良的纸张和相配的信封**：大多数办公用品供应商店和复印店都有做简历和求职信的高质量的纸张和信封。上乘的纸张有不错的外表和质地，它或许花费不小，但很值。象牙白、白色和灰白色都是看上去很职业化的保守颜色。不要使用那些看上去花哨夸张的信纸和信封，这只能适得其反。

通过电子方式提交简历

求职过程中，你很有可能想要或需要将自己的简历发送给某一老板或是其他联系人，你也可能想将简历发到一个或多个招聘网站上，本部分将会给予一些如何提高简历使用效率的建议。

将简历转换成纯文本格式

雇主可能会要求申请者在线发送简历。这个时候，你需要注意他们对于简历的要求：是用 Word 格式、PDF 格式，还是纯文本格式，将简历发送至邮箱还是网站。《15 分钟撰写求职信》的合著者路易斯·科斯马克为我们提供了转换简历成为纯文本格式的如下步骤：

1. 重命名保存简历并在“保存类型”选项框中选择“仅为文本”、“ASC Ⅱ”或“纯文本(*.txt)”。

2. 重新打开文件。文字处理器会自动重新排版生成常规字体，然后清除所有格式，将文本左对齐。

3. 重新设置左右页边距为 2 英寸，这样文本的宽度就会变窄，而不是占据整个页面。用回车键调整行距以确保内容在文本宽度的范围内。

4. 将奇怪的乱码修改为正确的符号。

5. 必要的时候按 TAB 键调整段落缩进。通过使用空格，将文字移至下一行或者增加空白行以增强可读性。

6. 注意使用水平分隔符将简历切割成若干部分。可输入一行“*”、“=”、“+”或“#”等。

关闭文件时，保存为扩展名为“.txt”的文件格式。当下次使用它的时候，直接打开文件，选取并复制文本，然后粘贴到在线申请系统或邮箱中。文本格式的简历看起来如下文所示。

可在线提交的纯文本格式的简历示例

塞缪尔·费曼

俄勒冈州塞勒姆市史密斯菲尔德路489号　　　　邮编:97301

电话:503-491-3033　　邮箱:samfine@earthlink.net

专业营销人员

充满活力,干劲十足,多次获奖,是经验丰富的专业营销人员。善于处理棘手问题,具有团队精神,个人积极向上并能带动他人。具备卓越的管理能力及培训能力。

相关工作经历

俄勒冈州斯普林菲尔德市雪佛兰汽车销售公司

总经理,×××× 年至今

- 连续获得西北地区十大经销商称号。
- 管理所有销售环节,包括:电脑系统、营销、零件、服务及日常管理。
- 在经济困难时期,营销仍盈利。
- 完成或超额完成各项工作目标,包括对客服务、零件销售、汽车保养等。
- 二手车经营取得令人瞩目的成绩。

俄勒冈州奥尔巴尼市福特销售公司

总经理助理,×××× 年～×××× 年

- 连续获得本地区五大销售商称号;完成或超额完成销售任务。
- 管理并培训员工90人。
- 任职第一年,即把长期亏损的店铺转亏为盈。
- 致力于提升员工满意度及培训工作。
- 建立强大的零件及服务业务,实现零件、服务及销售的良好运转。
- 建立大客户销售部,经过3年经营,成为大客户销售领域的顶级经销商。
- 使租赁业务从无到有,并使其达到了零售额的31%。

俄勒冈州塞勒姆市泳池产品销售公司

销售/客服人员,×××× 年～×××× 年

- 推荐客户购买最适合的产品并为公司获取更多利润。
- 善于解决客户问题,能迅速找出解决问题的办法使客户满意。
- 负责员工的派遣及接收。

其他工作经历

俄勒冈州政府,塞勒姆市,俄勒冈州

实习计算机工程师,×××× 年～×××× 年

- 为州政府办公室组装客户化电脑。
- 计算机系统安装工作。

教育经历

俄勒冈州特洛伊市俄勒冈社区学院理学院

专业:贸易

相关参考资料备索

许多公司的网站能够帮助申请者自动上传简历。申请者只需点击“浏览”按钮，找到保存在电脑里的包含简历的文件夹，然后上传。但要注意网站可支持的文件类型是 Word 还是 PDF 格式或其他。建议最好是以纯文本的格式上传你的简历。

将你的简历存入在线求职网站

虽然上传简历到求职网站，需要被动等待回应，但还是不得不用。你只需在在线申请工作的界面点击几下即可，举例说明如下。

三种将简历存入 Monster 求职网站的方式：

- 复制粘贴简历
- 直接上传简历文本
- 利用 Monster 网站，创建一份新的简历

一般来说，上传简历的方式比较简单。但是，如果你的简历格式不被网站接受，那么使用复制粘贴这一方式。如果你没有现成的简历，那么可利用“创建”选项进行制作。

复制和粘贴

对于这个操作，选择使用纯文本格式的简历。然后复制并粘贴到 Monster 求职网站上，步骤如下：

1. 打开纯文本格式的简历文件。
2. 在 Monster 上选择“简介与简历”按钮，然后选择“简历”。
3. 点击“创建简历”按钮。
4. 从下拉菜单中选择“复制并粘贴”按钮。

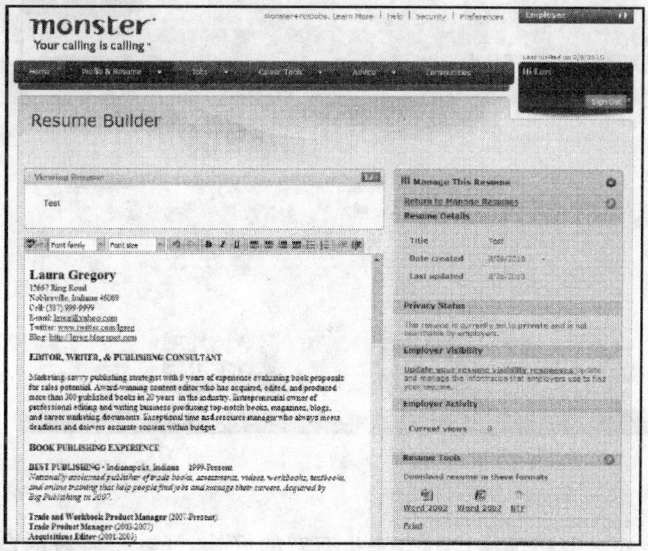

5. 填写文件名（例如你的名字和日期）和目标岗位的名称。
6. 如果你在主动寻找工作、且不需要保密，在多选框中选择简历可被雇主搜索。在同一时间一个账户只能有一份简历处于活动的状态，之后你可以选择将哪份简历设为活动状态。
7. 点击“创建”按钮。
8. 在 Word 中全选简历文本（Ctrl+Shift+End），然后复制（Ctrl+C）。

9. 返回简历创建窗口，粘贴（Ctrl+V）简历至 Monster 网站。

10. 检查简历的外观，需要时增加空格或换行。

11. 点击“保存并继续”。

12. 点击“不，谢谢”，然后跳过“其他帮助”。

13. 点击“返回简历”，重新打开简历，检查外观，如果需要的话可以进行调整并重新保存。

注意：

有些情况下，你会被要求填写简历可见页面的详细信息，以便雇主能够更容易地找到你的求职信息。

上传选项

如果你上传简历到 Monster 求职网站，请遵循如下操作：

1. 点击“简介与简历”键。
2. 选择“简历”选项。
3. 点击“创建简历”。
4. 从下拉菜单中选择“上传”简历。
5. 使用“浏览”键从你的硬盘中找到简历，然后点击“上传”。
6. 点击“不，谢谢”，跳过“其他帮助”。
7. 点击“返回简历”链接，查看上传后的简历的格式。如果有误，修改并上传一个新的版本。虽然字体字号通常会正确转换，但你不妨再检查一下。

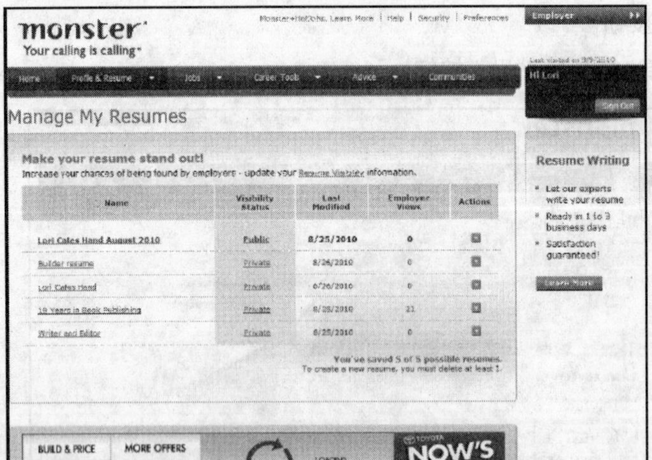

创建选项

创建简历是比较花时间的。但是选择这种方法也有它的好处，那就是系统的自动提示可以使你的简历布局更合理。

1. 点击“简介与简历”按钮，选择“简历”键。
2. 点击“创建简历”按钮。
3. 从下拉菜单中选择“创建”。
4. 点击每一部分的链接，补充详细信息。

注意:

不要直接在系统上输入文本内容,应先在 Word 文档中输入简历内容以进行拼写检查,然后粘贴至 Monster 系统的简历创建界面。

1. 添加你的工作技能和其他适合填写的部分。

2. 点击"保存和继续"。

成功的技巧

诚实

在过去的几周中,你已经注意到你的同事贝琳达总是提前10分钟离开,而且就在昨天你看见她出门时将公司的物品带出。你的老板询问你是否注意到贝琳达在做一些不诚实的事情。你会怎么说呢?

最常用的求职简历网站

有成千上万个与工作有关的网站你都可以投递简历,但如下所列是最常用的网站:

- 使用范围最广的网站:Monster.com; CareerBuilder.com; Hotjobs.com
- 毕业生常用网站:CollegeGrad.com; eRecruting.com; NACElink.com
- 经理和行政管理者常用网站:Theladders.com; CareerJournal.com; 6Figurejobs.com
- 多样化网站:LatPro.com; iHispano.com; DiversityWorking.com
- 专业性网站:Dice.com; eFiancialCareers.com
- 国际网站:JobsDB.com; naukri.com; JobStreet.com

包含大量关键词和词组

老板在搜索简历数据库的时候,会根据关键词进行搜索。因此,简历包含的关键词越多,你的简历越容易被选中。关键词应是你所应聘工作的特定词汇。下列方法可帮助你寻找并选择简历关键词:

- **添加关键词部分**:在简历中添加"关键能力"一栏,这样你就可以将简历中其他部分未提到的关键词添加到这一栏中。
- **列出展示你所有重要能力的词汇**:通过本书前面的章节,你已明确了你的主要能力,把它们写在你的简历中。你可以通过第3章《了解自己的技能》及第4章《确定你的求职目标》,回顾一下描述重要能力的词汇。
- **从老板的角度思考**:列举你想要的工作,然后考虑:身为老板在寻找适合这项工作的员工时,很可能通过哪些关键字来搜索?
- **回顾职位说明**:通过阅读主要的职业推介材料,如《就业指南》、《职业信息词典》等,了解你所求职行业的职业信息。列有很多职位空缺的大型招聘网站上有很多岗位以及相关描述,你可以从中获取灵感。公司网站通常会张贴空缺职位的相关信息,因此这也是搜寻关键词的来源。整理你所感兴趣的工作的关键词，并将他们放到你的简历中。

- **列举明确信息**：列出你所获得的资格证书、执照，说明你会使用的软件、机器等，以及行业术语、缩略词或可供老板检索使用的特殊词汇。

求职用高频关键词

在求职申请、求职信及简历中使用有力的关键词来描述你自己及你的能力，让你看起来确实就是那样棒，而不是用欺骗性的或引人误解的词汇。

达到	减少	落实	计划	服务
获得	代表	改进	筹备	设定
管理	展示	增加	提出	塑造
推荐	设计	开创	优先	简化
提倡	发展	激发	处理	出售
分析	判断	安装	促成	推动
评价	导演	设立	生产	解决
整合	发现	指导	推进	录用
处理	部署	整合	提供	开始
分配	编辑	翻译	宣传	构建
辅助	教育	采访	出版	成功
审计	能够	发明	收到	建议
平衡	确保	调查	推荐	总结
预算	配置	领导	吸收	监督
建造	建立	管理	重设	支持
推算	检查	构划	降低	超越
合作	超越	推销	精简	合成
沟通	执行	调解	重组	系统
编纂	扩展	动员	修理	教授
完成	加快	监管	替代	培训
创作	促进	激发	代表	运输
计算	规划	获得	复制	旅行
指挥	建立	操作	研究	更新
加强	筹集	组织	重置	利用
贡献	导致	发起	重造	验证
控制	引导	参与	复兴	核实
合作	雇用	运转	选择	设想
创造	识别	劝服	服务	撰写

关于简历的最后几点提醒

在撰写和使用纸质简历或电子简历之前,可参考下列建议。

- **单凭完美的简历不可能帮你找到工作。**你必须通过自己的努力才能找到工作。想要找到工作,你应该去应聘并在面试时争取好的表现。参加面试才是找到工作的途径,仅有简历是不够的。
- **不要迷信他人关于撰写简历的建议。**向 10 个人咨询该如何撰写简历,你或许会得到 10 个不同的答案。所以,你必须自己决定该如何写你的简历。如果有充足的理由,你可以打破任何写作规则。毕竟,这是你的简历。
- **不要因为担心简历而逃避找工作。**先写份简单、无语法错误的简历,然后就去找工作,去参加面试。如有意愿或者需要,可以稍后改善你的简历。
- **参考简历样例。**本章的简历样例中,有些就打破了写作的规则。当然,这些简历模板也并非完美的,但这些简历均是一些真实的求职简历,只是对名字及一些细节做了改动。所以,你可以好好读一读这些简历并以此为参考,从而写出你自己的简历。

有些简历由专业简历作者撰写,而且他们的名字也列在其中。你可以通过以下网址寻找符合你求职领域的专业简历作者:www.parw.com(简历作者职业协会),www.nrwa.com(全美简历作者协会),www.careermanagementalliance.com(职业管理联盟),http://careerdirectors.com(职业指导网站)。

简历样例

以下是上述三种类型的简历样例(按时间顺序撰写的简历、按技能撰写的简历和混合式简历)。

简历样例：按时间先后撰写，突出专业资历

与通常按时间顺序撰写的简历不同的是，这份简历通过“技能一览表”部分，突出了申请者的专业资格。

卡乌兰尼·牧野

加利福尼亚州卡马里奥市贝德福德街507号 邮编：93010

宅电：(805)555-1212 | makinopc@hotmail.com

系统工程师/网络管理员/有线网络安全分析员(10余年相关经验)/无线网络安全

拥有计算机专业学位及大量资格证书

工作经历

系统工程师/网络安全顾问 ××××年～××××年

加利福尼亚州埃尔塞贡朵市工业服务集团计算机科学公司

作为主要技术顾问，为健康行业客户无线局域网络的迁移提供咨询。进行循环周期成本和安全系统需求分析，包括系统需求决定因素，演示和比较研究；基准设置；测试计划及程序开发。

共同设计并建成一个安全的IP宽带卫星系统，向50多个公司及10 000多名员工提供卫星定位服务。

网络管理员/分析师 ××××年～××××年

加利福尼亚州拉古纳希尔斯市并行计算机公司

负责向学校、科研机构及航空企业等提供网络安全方案和技术支持。对网络、服务器、工作站等的运行进行高级分析及优化。

重新设计了公司文件备份系统，替换为特大型共享磁盘阵列并连接到安全存储网络区域的联合设备，从而减少了备份成本，实现数据零丢失，并减少了30%的额外工作时间。

系统工程师 ××××年～××××年

加利福尼亚州福尔瑟姆市电子数据系统公司

进行政府专业无线网络的可行性研究。

为当地监狱有线/无线网络基础设施建设进行基线设置。该基线成为日后一个为期多年、价值数百万美元的国家监狱通信网络的主干。

技术能力一览

核心优势：有线/无线网络连通性的项目设计及管理(电子邮件/群件/网络/内部网络)；软硬件配置；RSA兼容安全防护及防火墙

操作平台：Windows NT/2000/XP，微软Exchange消息与协作系统，Active Directory目录服务系统，Linux操作系统，UNIX操作系统(Solaris，HP-UX，IRIX)，Banyan VINES操作系统，Macintosh操作系统，OS/2/WARP操作系统，思科操作系统，Novell NetWare操作系统

安全防护方案：诺顿网络安全公司，麦咖啡公司，Sun Identity Server软件，OAS系统，思杰登录系统，Datakey管理程序，IBM客户安全，思科安全系统

教育经历及证书

加州大学洛杉矶分校计算机科学学士学位 ××××年

微软认证系统工程师 ××××年

思科认证网络专家(网络安全) ××××年

国际注册信息系统安全专家 ××××年

该简历由Roleta Fowler Vasquez撰写，改编自Wendy S.Enelow和Louise M. Kursmark合著的*Expert Resumes for Computer and Web Jobs*一书(由JIST出版社出版)。

简历样例：按时间先后撰写，突出成果

简单的简历重点通过数字突出所取得的成绩。虽然伊莱恩·马绍尔的简历并没有直接陈述她的工作成就，但所列数字显示了她的工作努力程度和出色业绩。

伊莱恩·马绍尔

佛罗里达州坦帕市卡洛尔伍德街4004号　邮编：33625　emarshall@yahoo.com　(813) 555-1234

注册护士

美国空军，××××年—至今；美国陆军，××××年—××××年

3级临床护士，××××年至今

安排并实施急危重症病人的护理。为术后病人进行麻醉复苏。指导培训新护士。管理2名医疗技术人员。作为创伤外科护士，在一级创伤中心专门从事肝脏及肾脏移植护理。

电话分诊护士，××××年～××××年

为140多名初级保健师、专家及社区医师分诊咨询。记录护士和患者的交流，并就已有的协议提供建议。在急诊部担任分诊护士。区分病人的危急程度(如急诊病人或普通病人)。担任团队协作者。计划并制定病人最佳康复方案，包括心理及生理方面。

护理管理者，××××年～××××年

管理3名电话分诊护士及10名预约护士。计划、组织并指导向90 000名注册客户(含退休人员及其家属)提供高质量护理服务。

护士，××××年～××××年

护理危重病人，运用电脑进行复杂心脏血流动力监测及机械通气。管理5名护士及3名医疗技术人员。

教育及培训经历

硕士学位，社区医疗管理及保健专业，伊利诺伊州芝加哥健康科学学院	××××年
理学学士，护理专业，罗德岛纽波特市斯雷夫里雷纳学院	××××年
持证职业护士，罗德岛纽波特市斯雷夫里雷纳学院	××××年

近期培训：

电话分诊护士	××××年	创伤护理核心课程，急诊护士	××××年
心血管疾病护理高级课程	××××年	护理服务基础	××××年
基础护理	××××年	高级管理者培训	××××年
儿科高级护理	××××年	医疗服务人员培训	××××年
护理服务管理	××××年	伤员护理	××××年
飞行医疗学校飞行护理	××××年	重症护理	××××年

年度培训：

程序代码	特定年龄护理
医学伦理学	操作标准
病人权利	管理者指导
受虐病人管理	疾病预防实践
感染控制	炭疽病培训
员工权利	家庭宣传
文化差异	防火安全
性骚扰	电气安全
自杀预防	安全培训
反恐措施	

该简历由Peter S. Marx撰写，改编自Wendy S.Enelow和Louise M. Kursmark合著的*Expert Resumes for Health Care Careers*一书(由JIST出版社出版)。

简历样例:工作经验有限,突出技能

这是一名大学生的简历,她只有一段做实习生的工作经历。现在她打算申请一份新的实习工作,并希望实习结束后就业。

艾瑞克 C. 赫尔曼

学校地址		家庭住址
俄勒冈州尤金市奥尔德路 4444 号		俄勒冈州比弗顿市西北十五大街 8888 号
邮编:97401		邮编:97229
(555) 444—4444	ericaherman@aol.com	(333) 555-5555

目标

公共关系实习生

相关资格

- 有能力胜任研究性、创造性及决断性工作任务。能承受工作压力,按时完成工作。
- 语言能力突出,采访能力、创作写作能力较好,具有较强的口头及书面表达能力。
- 能熟练运用 PageMaker, Photoshop, Microsoft Office 系列软件及网络通讯软件。
- 性格开朗、热情,善于与各年龄段、各阶层人士交流。
- 第二语言:熟练运用西班牙语。
- 高中校报编辑。

教育经历

俄勒冈州尤金市俄勒冈大学 ××××年秋至今

专业:新闻学　方向:公共关系 平均分:3.5

辅修:西班牙语

活动

欧米茄联谊会—营销及公共关系主任

全国荣誉学会副主席

全美学生会公关部

欧米茄荣誉学会

佐治亚州佐治亚大学 ××××年秋至××××年春

专业:公共关系预科 主任荣誉奖

辅修:西班牙语 平均分:3.5

实践经历

媒体服务实习生

俄勒冈州尤金市俄勒冈大学体育媒体服务 ××××年×月至今

研究并进行校际间体育赛事新闻发布。及时更新俄勒冈大学主场体育赛事媒体信息。撰写球队媒体指南；管理媒体照片的选用。在www.goducks.com网页上及时更新球队比赛结果及新闻信息。

公共关系实习生

俄勒冈州波特兰市波特兰艺术馆 ××××年6月至××××年8月

作为主要的媒体联络员，配合媒体进行员工、馆长及董事们的采访；提供展览咨询服务；协助安排并组织特别活动以吸引公众的兴趣及参与。研究并进行媒体新闻发布，公众服务通知，并为PAM通讯进行材料复印。制作展览媒体宣传板。

俄勒冈州公共事务实习生 ××××年12月至××××年

俄勒冈希尔斯伯勒市XYZ公司

参与协调社区与媒体关系事务。为网站撰写世界公共关系通讯；管理公司与俄勒冈立法局的通信。协助战略投资项目。

所获荣誉及奖励

全美大学生协会，德鲁伊荣誉协会，

美国公共关系学生协会优秀新生 ××××年12月至××××年

美国公共关系学生协会科蒂斯波蒂科技部奖学金 ××××年

艾瑞克 埃尔德新闻界纪念基金奖学金 ××××年

优秀新生：新闻界服务及表现奖 ××××年

社区服务

美国癌症协会管理志愿者

俄勒冈州人道组织寄养家庭成员

俄勒冈公共广播慈善节目志愿者

智障学生西班牙语辅导教师

愿望基金协会捐助者

该简历由Karen L. Conway撰写，改编自David F. Noble所著的*Gallery of Best Resuems for People Without a Four-Year Degree*一书（由JIST出版社出版）。

简历样例：跳槽者的混合简历

该应聘者没有求职领域的实践经验。他的简历突出了他相关的教育经历、完成的项目任务、参与的志愿工作及可迁移应用的技能。

亚历克斯·斯坦迪什　　加利福尼亚州丘拉维斯塔市德尔玛路 4429 号 邮编：91915

宅电：619-451-0904　手机：619-204-1121

audio-alex@aol.com

目标	音频 / 视频制作助理	
职业资格	正接受传统及现代音频视频制作培训 能按预算及时完成项目任务 在对客户服务工作中取得了成绩并体现出领导力 具备在新的工作体系及工作进程中迅速学习并培训他人的能力 具备积极乐观的态度及良好的职业道德	
教育	应用科技专业，音频 / 视频制作方向 加利福尼亚州圣地亚哥海滨科技大学毕业　××××年12月	
技能	**制作管理** ■ 脚本分类 ■ 日程 ■ 预算 ■ 摄影日志 **制作** ■ 数码相机及数码摄录机 ■ AVID 编辑系统 ■ 制作美学	**音频** ■ 麦克设置 ■ 接入点的音频 ■ Pro Tools 音频工具 ■ 模拟录音 ■ Foley 扩音 ■ Foley 编辑 ■ 音频流及音频修补 ■ 24 轨道线性磁带 ■ 非线性数码音频工作站
	照明 ■ 摄影棚、色度键及制作照明 ■ 漫射	■ 三向照明
项目	因卓越的组织能力，多次被选为5～8人项目组的项目经理，按预算及时并高质量完成项目。成绩如下： ■ 6个商业录影项目（全程）。参与实践项目工作（计划并设置音频、镜头及麦克风；摄影棚录影；后期编辑）。脚本准备，预算及计时。 ■ 3个音频录制项目。通过直播录音为当地乐队准备样带。参与摄影棚设置、混音、级别设置及光盘刻录。 ■ 灯光、模拟录音，Foley 编辑项目。进行各层次音频视频工作。	
其他经历	项目经理 / 园林设计师：加利福尼亚州圣地亚哥市贝赛德苗圃　××××年～××××年 ■ 独立管理住宅及商业账户分配；设计、安装并维护赏心悦目的景观项目。 ■ 管理设备、工具及项目日程；迅速解决现场问题。 ■ 当季工作完成后，因表现良好，忠诚可靠，被留任进行年度的绿化工作。 客服代表：加利福尼亚州丘拉维斯塔市艾尔绿化中心　××××年～××××年 ■ 在新店开业前，被聘为第一收银员；因迅速并机智地解决客户问题，短期内即被提升为客户服务代表。 ■ 运用电脑目录系统。 ■ 被选拔对新员工进行商店流程及客服技能培训。	
计算机技能	微软 Word，Excel 及 Publisher 软件 ■ 牢固的计算机基础知识，曾进行13个月的全日制计算机专业学习（圣地亚哥的加利福尼亚大学，××××年～××××年）	

该简历由 Louise M. Kursmark 撰写，改编自 Wendy S.Enelow 和 Louise M. Kursmark 合著的 *Expert Resumes for Career Changers* 一书（由 JIST 出版社出版）。

简历样例：两页版式的混合简历

该简历的作者想要换份工作——从教育行业转做非营利性行业。简历强调了其相应的教育背景及技能，各部分均围绕申请者的求职目标展开。求职者的自我管理能力、自我调试能力及可迁移职业能力也在简历中得到体现。

富兰克林·哈里斯

纽约州东锡拉丘兹市公园大街84号 邮编:13900

315-999-5555 fharris@myemail.com

经验与能力概要

- 通过参与由地区政府、州政府、学术界及志愿者协会组织的人道主义服务及大量的社区志愿者服务，积累了丰富的而专业的工作经验。
- 项目开发及执行能力；战略规划能力；人力资源、财务及其他资源的管理能力。有工作业绩与贡献情况的物化佐证记录。
- 在程序及政策的创立、更新及执行方面拥有丰富的实践经验。
- 良好的人际交往、沟通能力及解决问题的能力。
- 成功完成个人目标并为团队提供有效服务。

工作业绩

项目及运行管理

- 在纽约州假释部门工作8年，开始是州立监狱的一名假释官，此后多次升职，最后晋升为高级假释官。
  - ◇ 处理个人案件并管理其他假释官及假释官团队。在最近的任职中，管理6名官员，督察一区市的大约450名假释官。
  - ◇ 代表锡拉丘兹行动队参与全市减少凶杀案行动。
  - ◇ 被选举参与委员会事务，承担项目，寻求关于刑事审判及假释执行等方面的建议。
- 在州政府立法调整卡尤加郡儿童保护协会的服务职能时，对该协会进行了职能调整。
- 在担任卡尤加郡青年成就组织主任期间，促使该组织的参与者成倍增长。
- 曾任多个新设职务。

项目开发及执行

- 与锡拉丘兹市特遣行动队共同设计并实施了旨在减少凶杀案的“停火行动”。该项目旨在发挥震慑力，目标针对被假释人员。
- 为一所公立学校开发家庭/学校联络项目，并担任该区首位家庭/学校联络员
- 创立并实施了一项针对处境危急儿童的项目。撰写新的工作程序手册及指导手册，供工作人员及寄养家庭的父母使用。

财务管理

- 作为两个办事机构的负责人，对财政计划及决策给予指导。
- 作为学校董事会主席，承担财务官工作。参与学院合同洽谈。
- 为一家志愿者组织重组财务系统，改善了财务监控。

教学/培训

- 开发并教授大学培训课程。
- 协助相关组织进行培训。
- 推动受虐儿童培养协会的创建。

政府及公共事业服务经历

纽约州假释部 ×××× 年～×××× 年

高级假释官，现场操作（纽约州奥农多加郡锡拉丘兹市）

管理6名假释官，5人监管锡拉丘兹市主要街区的400余名假释人员，另一人负责对锡拉丘兹市30余名接受电子监管及居家隔离的人员进行监管。审核并签发假释人员逮捕证。

部门假释官2，卡尤加郡惩教所

部门假释官2，奥本市监管所

管理上述假释机构的活动，简化囚犯释放手续，包括个案评估、囚犯面谈、释放情况介绍，对释放人员提供支持协调等。尤卡加普通犯监狱有850名犯人，奥本监管300名犯人。

纽约州锡拉丘兹市现场假释官；卡尤加郡惩教所假释官

纽约州奥本市卡尤加郡社会服务部 ×××× 年～×××× 年

社区家庭协调员

成功创立并实施一项针对处境危急儿童的项目，使这些儿童保持与家庭及社区的联系，并降低了成本。

纽约州奥本市卡尤加郡社会服务部 ×××× 年～×××× 年

儿童保护服务主管／法律案件工作者

作为该县儿童保护服务第一主管，依据1973年纽约州的一项法律，监督儿童福利及儿童保护服务工作。在每100个法律案件管理过程中要指导5名工作者及3名家庭服务人员。

教育及志愿服务经历

纽约州奥本市奥本社区学院 ×××× 年

教师，社会学系（卡尤加郡惩教所）

纽约州锡拉丘兹市锡拉丘兹大学 ×××× 年～×××× 年

副教授

为纽约州社会工作者进行人道主义服务发展培训。评估纽约市儿童服务局工作，了解其员工发展需求。联合录制了如何进行家庭沟通的视频且已发行销售。

教师／项目开发

与康奈尔大学和锡拉丘兹大学合作承担纽约州基金项目，为社会工作者培训进行课程开发。在纽约州开展培训。帮助创建现设于康奈尔大学的受虐儿童培训中心。

纽约州北锡拉丘兹中心校区 ×××× 年

家庭／学校协调员

开发、实施并管理一个家庭／学校联系项目以改善学校与家庭的沟通，使有学习问题和行为问题的学生受益。

纽约州德威特市奥农多加社区咨询服务＆知心友人项目 ×××× 年

执行主任

纽约州奥本市卡尤加郡青年成就组织 ×××× 年～×××× 年

主任

富兰克林·哈里斯－第2页

该简历由 Salome A. Farraro 撰写，选自 David F. Noble 所著的 *Gallery of Best Resumes* 一书（由 JIST 出版社出版）。

简历样例：包含JIST求职简卡的混合简历

这份简历列出求职者大量的工作经历。在第一部分，作者强调了与求职目标相关的技能，随后按时间顺序列举了其他工作经历。此后，还附上了求职者的信息卡，由此你可了解这两种求职工具是如何有效联系的。

丹尼斯 A. 伍尔夫

田纳西州纳什维尔市代尔伍德巷7102号　　邮编：37207
(615) 860-2922　　dawolfe@dawolfe.com

资格概述

- 注册牙科助理：拥有10年一线服务病人的经历，尤其对儿童病人的护理感兴趣，也乐于学习牙科领域的其他工作。
- 沃伦蒂尔州立社区学院牙科助理专业毕业。牙冠磨光专业继续教育学习。拥有心脏复苏资格证。
- 擅长护理病人，与各年龄段的病人相处融洽，帮助病人减轻紧张与痛苦。善于护理残障病人及特殊病人。
- 熟知牙科程序及牙科、医学术语。

口腔健康护理经验

牙科助理……………………………………………… ××××年～××××年
大卫 A. 兰伯特，口腔外科博士　　阿拉巴马州蒙哥马利

- 完成普通椅边任务（四手操作法）并协助所有流程，包括拔牙、镶齿冠、切断牙髓、复合材料处理等。监测氧化亚氮麻醉并实施局部麻醉。
- 为各年龄段病人做好治疗前准备（儿童、少年、青年、残障人士及特殊病人），使他们尽量放松。协助住院探视及手续办理。
- 进行镶齿冠、临床检查及评估。
- 仪器消毒。准备治疗盘。
- 调和汞合金、补牙粉及其他牙科材料。取出、灌注牙科印模材料。
- 拍片、洗片、夹片。使用口腔拍片设备。
- 预约及确认。定购牙科材料并保证足够库存。

牙科助理……………………………………………… ××××年～××××年
蒂莫西 J. 科佩尔，牙科博士　　田纳西州亨德森维尔市

- 取出印模材料，灌注并修正牙模，制作咬合板。
- 进行下颌骨及头骨拍片及洗片。
- 指导并鼓励病人养成良好的口腔卫生。

教育及培训经历

镶牙冠—牙科继续教育——××××年
田纳西大学孟菲斯牙科学院
牙科助理资格证书——××××年
田纳西州加拉廷市沃伦蒂尔州立社区学院
美国心脏协会颁发的心脏复苏资格证——××××年至今

该简历摘自Wendy S.Enelow和Louise M. Kursmark合著的*Expert Resumes for Health Care Careers*一书（由JIST出版社出版）。

丹尼斯 A. 伍尔夫
田纳西州纳什维尔市代尔伍德巷 7102 号　　邮编:37207
(615) 860-2922　　dawolfe@dawolfe.com

求职目标

牙科助理

背景及技能

10 年一线病人护理经验。毕业于沃伦蒂尔州立社区学院牙科助理专业。

牙冠磨光专业继续教育。拥有心脏复苏资格证。

善于护理残障病人及特殊病人。

电子邮件和求职信

电子邮件流行之前,人们在投递简历时大多都会在纸质简历的上面放上一封求职信。现在人们更习惯用电子邮件写些内容,并把求职简历作为邮件的附件发送,而不再投递正式的求职信。一些氛围宽松的企业可能会允许你将便笺附在简历上,以此来简短地介绍你的情况,这时便不需要求职信了。此外,如果你已和老板有过联系并且仍在接触中,那么选用不太正式的方式会更便于接受。

你会发现你无需再发送很多正规的求职信。运用我所推荐的方法求职的人,在发送简历时会附上简短的感谢卡或 JIST 求职简卡。当然,某些工种或机构会要求较正规的求职方式,对此你应做出正确判断。

随着时间的推移,正规的求职信变得不再那么重要。但在某些场合下,使用正规的求职信也是很有必要的。同普通邮件相比,撰写发给老板的电子邮件时应更加谨慎。如果过于随意或出现拼写或语法的错误,就会给老板留下很不好的印象。

有效撰写电子邮件、求职信及联系老板的 7 条秘诀

尽管也许在找工作时,你不会用到求职信,但至少你应知道如何撰写求职信以及在写电子邮件信息时该说些什么。下面我们就来看一看有效撰写电子邮件、求职信及联系老板的秘诀:

- **将求职信和求职简历寄给某个具体的负责人。**获取你未来上司的名字,给他打电话或发送电子邮件要求面试。然后发送你的信息和简历。
- **避免出现错误信息。**确保你获取的负责人姓名、公司名称及地址是正确的。确保电子邮件或信件没有语法及其他错误,否则极易留下坏印象。
- **阐明你的想法。**如果你想获得面试机会,那就提出意愿要求。如果你对该公司感兴趣,那就明确表达出来。具体阐明你能胜任工作的优势条件,这样,老板有可能考虑你就是招聘的合适人选。
- **友好且专业。**专业而简洁的方式往往是最好的。避免使用强行推销的词,如“现在就雇用我吧”等。没有人愿意被强迫。

- **外观漂亮**。就像简历一样，给老板的回复也应该看起来漂亮些。花点时间设计一下信件的格式，让它看起来专业些。邮寄信件时，要使用漂亮的信纸和相配的信封。对大多数信件来说，最好采用标准的商务信件格式。
- **说明你联系的原因或信息来源**。发送电子邮件或求职信的原因通常包括：看到招聘广告，准备接受面试（最佳理由），电话联系或面试后想要补充信息等。依据不同的情况，在处理时也应有所不同。通过下面的求职信样例，可以了解处理不同情况的一些方法。
- **跟进**。要记住直接同老板联系远比随意发封电子邮件或信件更有效。不要期望被动的求职方法能带来多少面试机会。只有你与老板取得直接联系后，再发送求职简历和求职信才更奏效些。

好的求职信的内容

一封好的求职信应以如下结构撰写：

- 引言：引起读者注意，介绍写信的原因及所应聘的岗位。
- 正文：说明你的技能满足公司的哪些需求。
- 结尾：表明你对为该公司工作的兴趣，对读信人表示感谢，并请求对方予以考虑。

求职信样例

下面的样例为你展示了求职信的内容、风格、版式等特点。把内容进行轻松改编，你便能很容易地将这些样例应用到你的电子邮件中。

由于版面限制，我在此列举的仅是一些基本的样例。尽管如此，它们也已足够让你了解如何处理求职时的一些典型情况。

求职信样例：开篇点题

下面这位毕业生用了最好的办法：首先进行电话联系并预约了面试。在她的信件中，她详述了她是如何通过改变工作流程而为公司节约资金的。注意看她是如何展示自身的勤奋努力及按时完成工作等能力的。

康涅狄格州格林威治镇南默里迪恩街 113 号
邮编：11721

薇拉·布朗女士
康涅狄格州帕里恩镇沃特韦大街 604 号康涅狄格州沃特公司
邮编：11716

尊敬的布朗女士：

今天早些时候的电话交谈，使我进一步了解了贵公司招聘岗位的细节，也让我确信这正是我一直在寻找的工作。随信附上我的 JIST 求职简卡及简历，便于您更好地了解我的背景情况。期望在下周面试前您能翻阅我的这些材料。

一直以来，我对处理大批量订单很有兴趣，而这正是贵公司发展良好的环节。在校期间为完成一份关于订单处理的课堂作业，我曾在一家大公司进行订单处理流程研究。通过采纳我提出的一些便捷又省钱的流程修改建议，该公司账目处理时间平均缩短了 3 天。依据账目的数量及所涉及的金额，这一改变估计每年为公司增加收入达 135 000 美元。

尽管我刚刚毕业于商务学校，但与同龄人相比，我有相当丰富的工作经验。我做过大量需要与人打交道的工作；且能承受压力，按时完成任务。比起许多学校，我校的学习更具实践性，使我积累了大量通用的关于商务体系及程序的实践知识。这些知识包括：了解电脑各类数据表及应用程序、自动化应用、如何降低成本和增加利润。同时，我工作勤奋，深知要努力适应工作环境，力争在自己的工作领域有所成就。

对于贵公司所提供的职位，我非常感兴趣。对于工作的前景，我也无比期待。盼望下周与您的会面。

诚挚的
卡罗琳·普林斯森
××××年 3 月 10 日

随信附上：JIST 求职简卡
简历

求职信样例:面试后

在这封求职信中,应聘者谈论了面试时碰到的一个问题。尽管该公司并无空缺职位,她还是写信提供了针对面试所讨论问题的解决办法。许多求职者从未考虑即便在没有空缺职位的情况下,也应努力争取一个面试的机会。很多时候,为了聘用有能力的员工,公司会因人而设岗的。

佐治亚州邓伍迪市南霍所恩大街6254号
邮编:21599

克里斯托弗·梅西先生

进口经销公司
乔治亚州亚特兰大市东大街417号
邮编:21649

尊敬的梅西先生:

您能在百忙之中抽空与我面谈,让我感到非常荣幸。尽管贵公司目前并无空缺职位,贵公司仍是我乐于效力的企业。正如我们谈到的,我乐于承担多种任务。在贵公司,我亲眼目睹了工作的快节奏,而这正是我所追求的。

您对于增加业务的观点很有创意。关于客服问题我做了深入思考,在此与您讨论一下这一解决方案:可以采用一个简单的彩色文件编码体系,将较早的信件进行优先处理。采取您所说的简单信件处理方式,可以加速投诉案例的处理过程。对此,我还有其他一些想法。如果您感兴趣的话,我可以设计一个流程草案及信件样例。这些可以直接在贵公司员工的电脑上使用,无需增加任何成本。

无论贵公司今后能否为我提供岗位,我都非常感激您能花时间与我交流。我将随信附上我的JIST求职简卡及简历,以便您留作参考或转给其他相关人员。

如果您愿意同我就信中提到的内容进行交流,请与我联系。我的手机号码是(942) 267-1103。我也会按您所说,下周与您电话联系,以便您了解我的进展情况。

诚挚的,
桑德拉·萨伦巴
××××年4月10日

随信附上:JIST求职简卡
萨伦巴的简历

求职电子邮件样例：发给协会圈内人士

下面这位求职者通过职业协会获取相关人员的名字进行远程求职。在他的电邮中，他解释了上份工作结束的原因，列举了相关的技能，说明可提供相关推荐材料。

尊敬的拉米雷斯先生：

我从全国卫星通信协会的会员通讯录中知道了您的名字。我已加入该协会10年了，一直活跃在东南部地区。事实上，5年前我们曾一起在年度会议筹委会共事过。我写此信是想请您帮个忙。我供职的公司被一家大公司收购，我所在的办事处被解散，因而我目前处于失业状态。

尽管我很喜欢我现在的居住地，但我清楚我需要换个地方才能找到理想的职位。您所在的城市是通讯业的中心，也是我所向往的地方。随信附上我的简历，希望您看后能够给我一些建议：以我的工作经历，如何获得较好的机会？或者您可以推荐我联系其他人。

我擅长在发展迅速的公司或曾经历过较快发展的公司工作。我的优势在于掌控系统并增加利润。尽管在我的简历中我并未列出，但如果新公司有合适职位的话，我可以提供前任老板的推荐信。

作为同一协会的会员，希望您能特别关注一下我提出的请求。我计划六周内前往您所在的城市求职。在动身之前，我将电话咨询您我该联系哪些人以申请面试。即便现在没有空缺职位，也许他们知道其他有空缺职位的地方。

随信附寄的简历上有我的电话和其他联系方式，便于您与我取得联系。先感谢您对我的帮助。

求职电子邮件样例：与雇主电话联系后的跟进

这位求职者通过电话联系办公室负责人后确定了面试时间。此信是对电话的跟进。

尊敬的米勒先生：

随信附上我作为法律助理的工作简历。我将于下周一下午4点钟前去面试，希望此简历能为您提供些背景信息。

非常感谢您如此详细地描述您的要求。相信这份工作将会发展成为令我满意的事业。而我所接受过的会计培训及电脑程序操作经验也正满足您的招聘需要。

伦登 & 西尔斯在新泽西州是一家享有盛誉的法律事务所。很期待此次面试并盼望着与您见面。

诚挚的，

凯尔·维特

创建职业档案

另外一种向雇主全方位证明和展示职业技能和成绩的方式是职业档案。事实上，职业档案能够比简历更加全面地向雇主展示你的情况。只是职业档案需要雇主多花一些时间来阅读。

什么是职业档案？职业档案是装在文件夹（纸质或电子版）内的一些文件或者是电子网页、幻灯片等的集合体。它涵盖求职者的教育背景、工作经历等所有信息，并且可以展示求职者的求职目标以及其所具备的职业技能、成绩和资历等。通常，一套职业档案文件里包括求职者的工作记录，可以是表格、图表、照片和商业报告等形式，还有客户的评价和推荐信等。

职业档案可以展示你以往工作中的成绩并反映你的职业目标和自身价值，它证实了你所具备的知识、技能和优势。总之，职业档案可以告诉雇主你是什么样的人，以及你可以胜任什么样的工作。

职业档案中究竟需要放入哪些文件取决于你的需要和雇主的要求。下面的一份清单或许可以为你制作自己的职业档案提供参考。

我的职业档案清单

思考一下你的职业档案可以包含哪些材料？标注出你所期望出现在自己职业档案中的文件：

□ 证书	□ 个人陈述信
□ 完整的雇佣经历	□ 公共和社团服务记录
□ 评价信函的复印件	□ 简历
□ 主要获奖证书的复印件	□ 足以证明技能的工作案例
□ 客户的反馈表	□ 成绩单
□ 文凭	□ 其他 ____________
□ 志愿服务的证明	□ 其他 ____________
□ 推荐信	□ 其他 ____________
□ 许可证	
□ 可提供的论文、项目或者作品展示	

纸质和电子职业档案的对比

你可以将你职业档案里的文件复印，然后将这些复印件放入精美的、彩色的文件夹里。这样，在面试时就可以直接带给你的雇主翻阅。事实上，这种方法以前经常被用到。现今，越来越多的应聘者会利用电脑的软件（例如微软的 Word 或 Powerpoint）或者基于网页的程序创建一些电子版的档案文件。而这些文件通常被称为数字化档案或者 e 档案。

一份数字化职业档案能够包括纸质版职业档案的全部信息，只不过形式是电子格式的。然后，将这些电子文件复制到便携式的介质（比如刻录成光碟或者保存到 U 盘），也可直接创建到网页上。

比起纸质档案，数字化档案有如下优点：你可以将你的数字档案制作成 CD 邮寄给雇主，或者作为附件用邮件直接发送给雇主，或者将它粘贴在网页上并请求雇主浏览。更方便的是，一些档案网站会提供免费的制作电子档案的程序和模板，比如 carbonmade（http://carbonmade.com）和 VisualCV（www.visualcv.com）。由于这些资源都是电子格式的，你可以同时发送给多个招聘单位。你不必担心档案会丢失或损坏，而且你可以带着打印出来的纸质档案去参加面试。此外，电子档案还可以简捷地转换为其他多种格式，比如图片或视频。

如果你想了解更多的关于如何创建电子档案的信息，可以浏览刚才提到的网站或者阅读由苏珊·阿玛丽安和埃利诺·弗拉尼根合著的《创建你的数字化档案》一书。

数字档案样例

关于大卫·塞缪尔

我在16岁的时候，在一个叫Hubb的地方第一次参加了动漫班。在那里，我学会了如何使用一些动漫制作软件，例如Bryce和Softimage。

同时，我还参加了一些程序语言课程，例如C语言、Visual Basic以及日本网Yarzoke系统的Playstation操作系统。

之后，我被东斯桩兹堡大学电脑科技专业录取主修了C++, Assembly和编程结构等课程。在学习的过程中，我发现比起编写程序，我更喜欢应用程序。因此，我转修传媒专业的动漫制作方向。

此外，我还自学了Poser、Bryce、Flash Premiere、Acrobat Photoshop和After Effects等程序。用这些程序我独立创作了一系列个人作品，例如电影和短片。

希望您喜欢我的档案。

诚挚的，

×××

（签名）

为什么使用职业档案？

近年来，几乎所有行业领域的求职者都已经意识到职业档案的价值。但是这并不意味着每一个求职者都拥有一份职业档案。事实上，只有在一些领域（比如绘图艺术）会经常看到职业档案，但也没有被明确要求必须提供职业档案，只有少数求职者愿意花时间制作职业档案——这也是他们能够脱颖而出的重要原因。

工作天地

毫无疑问网络是一种强有力的求职工具。但是你要注意究竟该在网络平台上张贴哪些信息。数字化的信息——求职邮件、发帖通告、社交网络页面、在线档案抑或是个人网页，不管是哪一种形式都可以向每一个人展示你自己，包括潜在的雇主。他们的确都能看到。研究显示，将近一半的雇主会在招聘过程中浏览求职者的Facebook或其他网络信息。所以，要确保你的网络信息不会让雇主找出任何使其不愿招聘你的漏洞。

一旦使用了职业档案，想要招聘你的雇主就好像是得到了了解你的钥匙。你就不必再向那些寻找你的潜在的雇主发送档案了。实际上，我建议你可以联系他们，并发送你的简历。如果招聘方对你感兴趣，这个时候再向他们发送你的职业档案。

相对而言，你可以将职业档案当做面试时的一个辅助工具。设想一下，当你被问及客户服务技能或者你是如何与合作者友好相处时，当然你可以直接口头问答他们的问题，但是相信在这个时候拿出职业档案里的客户评价卡片或者是合作者的推荐信会更加有说服力。所以，要让你的职业档案和里面的证明文件说明你是这份工作的不二人选。

当然，职业档案未必能给你带来面试的机会。因为，大多数的招聘者很少有时间仔细阅读求职简历，更不用说那些20多页长篇大论型的职业档案了。然而，一旦招聘者开始留意某一求职者的信息，他们会很乐意详细查看其职业档案的，这就增加了求职胜算。

求职简卡的效果更佳

JIST求职简卡是一种迷你型的简历（以下简称JIST卡）。它是一种比简历更有效的求职工具。求职时，你或许同时需要简历和JIST卡。

假设你是老板，负责为你的汽车店招聘员工。现在可能有也可能没有空缺岗位。阅读下面的卡片并回答相应问题。

> 斯蒂芬·基耶克
>
> 电话：(222) 222—2222
>
> 电邮：skijek@yahoo2.com
>
> 应聘职位：汽车技师
>
> 技能：3年以上工作经验，包括一年全职汽车技师项目。熟悉各类手工工具及电子诊断设备。可处理刹车、排气系统，电子系统及机械系统的调试及简单维修工作。工作认真仔细，操作迅速，客户满意率达98%。所有工具齐全，可立刻上岗。
>
> 欲求全职工作，可轮班。
>
> 诚实，可靠，易相处。

你作何反应？

假定您是汽车修理店的老板，请根据基耶克JIST卡的信息，如实回答下列问题。

1. 你对此人有无好感？________________

2. 如果你有合适的空缺岗位，你是否会面试他？__________为什么？__________

3. 如果你现在没有空缺岗位，你是否愿意跟他见面？__________为什么？__________

大多数人在第一次读了某人的JIST卡后都认为如果有空缺岗位的话，他们乐于面试此人。许多人还认为即便现在没有空缺岗位，如果日后有了，也会乐于给此人提供面试机会。读JIST卡只需不到30秒的时间，但却给大部分老板留下了良好的印象。显然其他的求职工具不可能达到这样的效果。

> JIST卡向老板展示了他们需要并想知道的信息，而没有多余的可能导致你被淘汰的信息。

简历能取得同样的效果吗？或许可以，但一份出色的JIST卡常常可以帮你获得面试的机会，而更为详细的简历或许无法达到这样的效果。我认为原因在于JIST卡向老板展示了他们需要并想知道的信息，而没有多余的可能导致你淘汰的信息。

JIST卡常常被印在3乘5英寸的卡片上，以名片的形式或者其他的格式进行印刷。JIST卡可以在电脑打印机上直接打印，如果数量较多可在文印店印上几百份。应多准备些这样的卡片，非常实用。

JIST卡的用途

以下是你在求职时使用JIST卡的几种方法：

- **发给亲戚或朋友。**告诉他们如果知道有适合你的空缺岗位，要记得通知你。让他们帮忙把卡片发给那些可能知道有空缺岗位的人。
- **附在完整的求职信上。**老板可以从求职信上撕下来放到布告栏里或桌子上。
- **面试前给老板发送一张你的JIST卡。**你可以在面试前发一封附带你JIST卡和个人简历的电子邮件给你的潜在老板。
- **在感谢信中附一张JIST卡。**通过在感谢信中附一张JIST卡，可以提醒收信人回忆起你正在求职以及你的资历情况。
- **把JIST卡送给那些可以帮你宣传的人。**你应当给你生活圈子里的每个人都发几张JIST卡，让他们把这些卡送给那些对你找工作有帮助的人。
- **在简历中附一张JIST卡。**JIST卡是你简历的概述，可以使读者快速了解你的经历。

你或许还能想到发放JIST卡的其他一些途径。例如，一些人把它们放在杂货铺的小广告牌上，还有人把它们放在停车场内一些车的挡风玻璃雨刷下面。总之，发送越多的JIST卡，你找到工作的希望就越大。

商务礼仪

交换名片

名片是国际上公认的个人和职业信息交流的方法。但在不同的国家，名片的交换方式是不同的。例如在日本，你应该用双手接名片。当然也有几条不同文化公认的规则。通常，人们会在会议前或会议后分发名片。接到名片后，你应该认真地去看一看，而不是直接把它塞进钱包，若有疑问，也可以当面提出。

JIST 卡奏效的 4 个原因

公司老板和工作圈的人都喜欢 JIST 卡，JIST 卡的有效性体现在以下几个方面：

- **JIST 卡个性化比较强。**人们对 JIST 卡感兴趣的原因是由于它的独特性。能引起人们的注意和积极的评价——这对你找工作是很有利的。
- **JIST 卡可以让老板在最短的时间里了解到他们想要知道的最重要的信息。**JIST 卡能很快地展示出许多信息，包括你的姓名、联系方式、求职目标、受教育水平、培训、技能和其他相关经历。
- **与其他纸质宣传材料相比，JIST 卡不容易丢失。**简历或申请表很容易被混在其他文件堆里。求职邮件也常常与其他邮件一样被永久地保留在了邮箱里，没有人打开或者打印出来。但打印的 JIST 卡常常被钉在墙上、放在布告板上或者其他易被老板察觉的地方。
- **JIST 卡对帮你找工作的人来说是很便利的宣传工具。**你的朋友或亲戚对你的工作技能、培训情况和工作经历不一定了解太多，JIST 卡给他们提供了获知你更多情况的机会，并且他们还可以把这些信息传递给其他人。很多工作门路都是通过分发上百张 JIST 卡获得的。

JIST 卡样例

下面是一些 JIST 卡样例。它们适用于从入门级到要求丰富经验的不同层次的工作。参照这些样例，然后设计你自己的 JIST 卡。

黛波拉·利维自从上高中就在一个酒店客房部工作。虽然她目前仍只是酒店管理专业的大学生，但她一直被认为是一名非常出色的员工，并且非常胜任客房部管理者的工作。她的 JIST 卡就着重展示了自己的工作经历、工作态度及出色的工作业绩。

> **黛波拉·利维**
>
> **手机：**(333) 333-3333
>
> **邮箱：**deb21@att.com
>
> **工作意向：**初级酒店管理者
>
> 工作技能：有 3 年酒店客房工作经验；为提高自身工作技能，做过 5 次短期工；完成了酒店管理专业学士学位一年的课程；以严格的自我管理、多方位的交流沟通及创造性地解决问题等态度、方法开展工作。
>
> 热情、有条理、注重细节。

贾马尔·华盛顿在做全职工作的同时完成了电子工程技术专业的学位。他在 JIST 卡中特别突出了这一点，展示了自己在繁忙工作之余在学业方面取得的好成绩，以此向老板证明自己是一个可靠的、积极向上的、有智慧的人。他还让别人注意到他广泛的从业经历，他有在医药、消费、通信、工业电子设备与应用等多个行业的实践经验。

> 贾马尔·华盛顿
>
> 电话:(444) 444-4444
>
> 邮箱:jwash@netzero.com
>
> 工作意向:电子产品安装、维护与销售
>
> 工作经历:4年的工作经历、2年的电子工程技术专业大专学历。上大学期间经营了年营销额为50万美元的生意,并且学业成绩仍名列前茅。熟悉所有主要的电子诊断和修理装备。具有在医药、消费、通信、工业电子设备与应用等多个行业的实践经验。具有较强的解决问题和对客服务的能力。
>
> 工作能力强。

乔伊斯·尼利在部队上获得了系统分析师和设计师的工作经历。在JIST卡中她列出了自己具备的语言编程和系统操作的能力,可以帮老板认定她是否具备岗位所必需的能力。注意她在JIST卡中也提到了曾指导其他人做程序的经历,虽然她当时并没有正式管理者的身份。她在显著位置写明为了工作愿意搬迁,因为她知道这样更能引起老板的注意。

> 乔伊斯·尼利
>
> 手机:(555) 555-5555
>
> 邮箱: neelyj@netzero.com
>
> 岗位:系统分析师、设计者
>
> 经历:有10年数据库系统设计专业的教育、工作经历,比较擅长C++、Java、DHTML及Windows、Linux及其他计算机平台的数据库管理工作。具有丰富的计算机和网络应用方面的工作经验。曾指导7位员工进行特殊项目工作。能按时完成工作。
>
> 渴望获得能长期从事的工作岗位。为了工作愿意搬迁。
>
> 积极敬业的奉献者,有创新思维的问题解决者。

在托马斯·玛琳的JIST卡中,关键词起到了重要作用。他知道像企业经营管理、规划、成本管理、注册会计师、持之以恒、业绩、交际、预算、成本节约和计算机化等术语比较能吸引老板的注意,增加一些体现个人精力充沛的细节描述,可以刻画出一个敏锐进取的企业人的形象。

托马斯·玛琳,注册会计师

电话:(777) 777-7777 邮箱:TMARRIN@RR.COM

求职目标

企业管理的职位,要求具备解决问题的能力,规划、组织能力和成本管理能力。

工作经历

企业管理专业学士;具有10年以上的企业管理经验;职位不断提高;管理员工40余名,每年预算超过600万美元;工作业绩逐年增长;交际能力好;具有全面的预算、成本节约、电脑数据库、电子表格程序的知识。

以业绩为导向,自我激励,具有良好的问题解决能力,精力旺盛。

完成你自己的JIST卡

一张设计很好的JIST卡起到的作用比见到本人还要大。仔细浏览下面样本JIST卡中的各个部分及后面的标题。然后在标题后面的横线上按照提示完成你自己的JIST卡。

JIST卡很小,不可能包含所有的细节,它只可能把最重要的信息展示给老板。一个简单的JIST卡也要包括下面索尼娅·门多萨的示例中所包括的全部内容。

索尼娅·门多萨 —— 姓名

家庭电话:(333) 333-3333 —— 联系信息

邮箱:SKZ1128@aol.com

职位:办公室职员 —— 需求岗位

两年多的工作经验,加上一年的办公室工作实践,熟练使用各种计算机程序(文字处理、电子表格、会计、数据平台和图表设计)及网络系统,每分钟准确打字数70个。可以高效地处理支出、收入等会计事务。曾负责月平均20万美元以上的日常存款业务。习惯处理那些时间紧、任务重的业务。 —— 工作、教育、培训经历,与工作相关的技能、表现和成绩 特殊条件

可以在任何时间工作。条理性强,诚实可靠,工作努力,具有良好的人际关系处理能力。 —— 优秀员工的特点,适应性技能

你自己的 JIST 卡

这张工作表参考了索尼娅的 JIST 卡,然后根据上面的内容填写你自己的 JIST 卡的各个部分。仔细阅读说明,然后尽可能好地完成各部分;最后按照这张工作表完成你的 JIST 卡。

1. 身份:索尼娅给出了自己的名字。在商业背景下你使用什么名字?

   你的名字:______________________________

2. 联系你的两种方式:索尼娅列出了两种可以联系到她的方式:家庭电话和邮箱地址。因为老板们很少写信,所以不需要提供你的地址。你可以提供以下 3 种联系方式中的两种:家庭电话、手机和一个邮箱地址。如果你给出一个电话号码,要确保这个电话有人接听或有语音留言,可以随时给出专业性的回答。

   你的联系方式:

   ____

   ____

   ____

3. 岗位:索尼娅的 JIST 卡中包括了比较宽泛的工作目标,老板会认为她可以做很多种工作。你是否也可以如此宽泛地陈述你的工作目标,以便让老板在寻找很多工种时都会想到你?

   你的求职目标:

   ____

   ____

   ____

4. 工作经历:索尼娅列出了她所有工作的时间长度。其中一些兼职的或是作为志愿者所做的工作也列在其中。你有多少兼职和志愿者工作的时间可以列在工作经历之列?

   你的工作经历:

   ____

   ____

   ____

5. 教育和培训:索尼娅列出了所有花于培训的时间。你在教育和培训方面花了多少时间?

   你的教育和培训经历:

   ____

   ____

   ____

6. 工作相关的技能、表现和业绩:这部分讲述了索尼娅可以做什么及做得怎样。她描述了与工作相关的一些重要的技能,并且提到了在她工作过程中学到的及用到的一些关键的适应性的技巧。请注意她提到的几个数字。第一个数字是 70WPM,这意味着她的打字速度为每分钟 70 个字。她也提到自己曾管理月平均 20 万美元以上的日常存款业务。这向老板展示了自己是个值得信任的可以担当重任的人。你可以提供什么细节和业绩来展示你的工作技能和表现?

你的工作相关的技能、表现和业绩：

7. 特殊条件：索尼娅提到她可以在任何时间工作。这表明她很灵活并且热爱工作。你有可以让老板印象深刻的一些特殊条件吗？

你的特殊条件：

8. 优秀员工的品质/适应能力：索尼娅强调了自己很强的适应能力及其他个人优点，老板对此十分看重。你有哪些让老板认为对团队来讲很重要的适应技巧和个人品质？

你所具备优秀员工的品质及适应能力：

工作天地

你具备双语能力吗？

2000年人口统计显示西班牙籍美国人占了美国总人口的13%。公司管理者开始意识到应用双语进行商务活动的重要性。西班牙语的表达能力在美国各个行业、部门都被看重。事实上，随着美国的人口多元化及经济全球化趋势，掌握除了英语以外的另一门外语是很重要的一项技能。

完成之前的工作表后，把上面的信息都转移到你自己的JIST卡上，然后修改定稿。要确保它没有错误、美观并包含所有对你找工作有利的信息。记住所有这些内容要包括在如下3英寸×5英寸大小的卡片中，因此选词要字斟句酌。

使用你的JIST卡与老板直接联系

像简历一样，JIST卡在找工作的全过程中都非常有用。JIST卡在帮助你获得面试机会方面远比求职简历有效。本部分将讲述如何以JIST卡为基础通过电话或电子邮件与老板进行“冷接触”。

你会选择哪种方式投递简历：邮寄或是通过电子邮件发送？

现在有一个奇怪的转变，因为越来越多的老板都是通过电子邮件与求职者进行联系，所以以邮寄的形式发出的求职函比过去更引人注意。通过邮寄的方式发出的 JIST 卡、简历、感谢函及其他的信件给老板留下的印象会更深刻，因为与电子邮件相比，这需要求职者花费更多精力。现在电子邮件很容易被人忽略，具有个性特征的邮寄信件或传真（不是指大众邮件）会更受重视。如此考虑，在找工作时，除了使用电子邮件外，还应通过邮寄的形式发送求职信、JIST 卡及简历。

在电子邮件中附上 JIST 卡效果更佳

在电子邮件中可以用多种形式附上 JIST 卡，这些都可以增加你得到面试机会的可能性。

- 最初联系时。你可以以电子文本或图像的形式在电子邮件中粘贴上你的 JIST 卡，以保持其原有的格式。在邮件中请求面试机会，但不要附上简历。目的是以简短的 JIST 卡引起老板的兴趣。等老板给了你面试机会并希望得到你更详细的个人信息时，再发送你的简历。
- 面试前。一旦得到了面试机会，最好给老板发一张纸版的 JIST 卡。正如前面提到的，纸版的 JIST 卡通常很难像电子邮件那样发送，所以更容易引起老板注意，并且会更容易给人留下正面印象。
- 面试后。以电子邮件的形式发送一封感谢信，然后再考虑寄 JIST 卡。记住每写一封感谢信同时要寄出几张 JIST 卡，这样方便老板把它们转交给其他人，也不怕丢失一张两张的。

打电话联系时使用 JIST 卡会收到良好效果

虽然不常见，但是通过电话联系老板以寻求面试机会时可以运用 JIST 卡上的内容。大多数人会羞于以这种方式与未曾谋面的人联系，但这确实有利于你得到面试机会或工作岗位，尤其是那些尚未对外公开招聘的岗位。下面就是一个例子。

建立在 JIST 卡基础上的电话求职

还记得在本章开头提到的斯蒂芬·基耶克的 JIST 卡吗？我根据它写出了下面这段求职通话的内容，电话号码是斯蒂芬从号码簿中随意选择的。当你在读下面这段话的时候，请设想你就是老板，想要招聘有类似技能的员工。

“嗨，我是斯蒂芬·基耶克，我对汽车修理师的工作非常感兴趣。我有3年从业经验，其中包括一年的全日制汽车修理培训。我熟悉所有的手动工具和电动修理设备。能处理像发动机、制动器、排气系统、电力及机械系统等的常见维修工作。我工作认真仔细，操作迅速，客户满意率达98%。我有工作所需的全套工具，可以直接上岗。我可以轮班，但更喜欢做全职工作。我的性格特点是诚实、可靠、与人为善。我什么时候可以去参加面试？”

对这个求职电话你做何回应？

如果你是老板，面对这样的求职方式你有何感受？如果你恰好需要这样的员工，你会给斯蒂芬一次面试机会吗？

____

____

____

____

____

____

就像对待JIST卡的态度一样，大多数人都表示如果真有这样一个岗位空缺，他们会给斯蒂芬一次面试机会。虽然一些人表示不太喜欢这种武断的寻求面试机会的方式，但多年的经验表明这种方法还是很奏效的。

这种求职方式有点鲁莽，为此你可以做些简单的改变，例如，你可以打电话给老板的熟人，让他向老板转达你的意思，然后再打电话给老板寻求面试机会。

商务礼仪

清晰的语音留言也很奏效

语音留言可能是一个有效的方法，但也可能会引起麻烦，到底效果如何取决于留言者。一条表达清晰的留言可以节约时间，但一条发音模糊、难以分辨的留言则让人生厌。所以在留言时一定要发音清楚，并且要把你的名字和电话号码重复两遍。这样既节约了听者的时间，也不会给他们带来麻烦。

练习打电话可以提高你的面试技巧

即使你直接打电话时没有透露你JIST卡的个人真实信息，通过这种电话求职的练习也会帮你实现其他重要的目标，并最终帮你通过面试，得到工作。

- **练习打电话能让你在陈述自己优点的时候保持自然平静的语气。** 很少有人在夸自己时感觉很自然，即使是在讲实话，也生怕别人听起来像在吹嘘。所以，我们平时常避免说赞美自己的话，甚至在求职电话中也不含任何赞扬自己的语言。用人单位调查发现“谦虚”让很多求职者没能很好地展现自身具备的工作所需的技能。
- **练习打电话将会帮你在给老板提供信息时关注最主要的内容。** 在面试中你可以谈很多事情，但要有轻重之分。口头重复练习 JIST 卡的内容能帮你在电话求职时表达比较自然，并帮你在应对各种各样的面试问题时可以抓住重点，也就是 JIST 卡上的内容。
- **练习打电话有助于你回答面试中的疑难问题。** 事实上，一些面试官经常会向求职者提问一些刁钻的问题，让人很难回答。当然在后面一章我还会讲面试的技巧问题，但练习打求职电话确实能帮你更好地应付面试。这样做可以帮你克服面试中的焦虑，学会在面试中寻找话题，应对面试者出的难题。本书第八章和第九章将深入地介绍面试技巧。

撰写有效求职电话文稿时的 3 点小提示

为帮助读者写好求职电话文稿，我在后面提供了“开始写你自己的电话文稿”一栏。在翻看之前，请认真阅读下面的小提示，然后按照你 JIST 卡上的信息填充电话文稿中的各部分。为方便修改，请用铅笔或其他可擦写的笔填写。

- **精确写下在电话中想要表达的内容。** 写下来的电话文稿可以帮你更好地表达自己，避免结结巴巴、用词不当。
- **注意电话文稿要简短。** 只需列出老板感兴趣的信息，并要求获得面试机会。好的电话文稿要可以在 30 秒甚至更短时间内读完，与阅读一张 JIST 卡的内容所需时间大致相同。
- **电话文稿要口语化。** 因为你已经完成了 JIST 卡，可以以它为基础写出电话文稿。然而，JIST 卡一般使用比较短的句子和短语，我们通常不这样说话。在写电话文本时应适当加些词语，这样让人听上去更加自然通顺。

钱很重要

身份信息盗窃

身份盗窃，指的是某人的个人身份（包括姓名、社会保险账号或其他重要的号码信息）被他人使用或转移用来做不法行为。你可以采取以下 5 个步骤保护你的个人身份信息。

- 不要在支票簿、银行卡或记账卡上留有你的身份证号码。
- 在扔掉含有重要个人信息的纸前一定要将其撕碎——即使是那些垃圾信件。（任何含有你名字或账户号码的物品都可能因身份信息盗窃被利用。）
- 在钱包内尽量少放含有个人身份信息的卡。
- 不要将你的社保账号填写到在线求职申请表中。
- 通过电话透漏任何个人信息时一定要小心谨慎。

电话文稿剖析

下面这段电话文稿的主人比前面的求职者有更多的工作经验和正规教育经历。这段文稿内容比其他示例稍长，但仍可以在30秒内读完。

就像一份JIST卡一样，你的电话文稿应包含5个部分。下面的文稿示例具体指出了这5个部分。

你好，我的名字是丽莎·法克尔。 ——**介绍姓名**

我对中、小规模公司的管理岗位比较感兴趣。 ——**求职目标**

我有商务学士学位，并有5年管理岗位的工作经验。我工作期间曾管理员工12人，两年内团队业绩增长了27%。并在3年内晋升了两次，有推荐信为证。我曾给公司提出创建客户跟踪系统的建议，并使公司销售量在12个月内增加了22%。我与其他员工相处融洽，具有良好的团队合作精神，可以按公司需求出差或加班。 ——**陈述优势**

你会发现我是一名工作努力、积极向上、责任感强的员工 ——**具备优秀员工的特质**

我什么时候可以去参加面试? ——**目标陈述**

完成你的求职电话文稿

下面给出了撰写电话文稿各部分的一些注意事项，请仔细阅读并完成下面的工作表。填写时你可能需要参考你的JIST卡。

个人介绍

在与陌生人开始谈话时，通常需要告诉对方你是谁。撰写电话文稿也是如此，需要告诉对方你是谁。

在表达找工作意向时，你应该说“我对……岗位感兴趣”。如果你说“我想找个工作”或其他类似的话语，容易被对方打断或被告知没有空缺岗位。如果你JIST卡中工作目标部分写的比较好，读起来很流畅，你可以直接借用；如果写得不好，则需要做一点改动。例如，如果你的JIST卡中说你想得到一个办公室文员的岗位，在电话文稿中你可以表达为：“我对办公室文员的岗位比较感兴趣。”

开始写你自己的电话文稿

完成文稿中的以下两部分内容：

1. 你的名字：这部分很简单，把空填好即可。

您好，我的名字是________________________________。

2. 你的工作目标陈述

我对________________________________岗位比较感兴趣。

工作能力陈述

你的 JIST 卡中工作经历和技能部分列出了你有多长时间的工作经验、培训和受教育情况，也列出了与工作相关的技能和取得的成绩，其中大部分内容都可以在你的电话文稿中使用。

重写这部分内容需要花费一定的时间，因为要让电话文稿听起来更自然。你可以在完成下面工作表之前在另外一张纸上撰写并修改该部分。

通过电话陈述自己的优点时，要把 JIST 卡中最后几行词改写为句子。例如，可以把 JIST 卡中“可靠、工作努力、学习速度快”这几个词改写为“我是一个值得信赖、工作努力的人，学习速度也比较快。”

你的工作能力陈述

使用 JIST 卡中的内容帮你回答下面的问题。

1. **你的能力陈述**：你具备哪些能力或优势？

____

____

____

____

____

2. **你有哪些作为一个优秀员工应具备的优点**：你的个性优点有哪些？

____

____

____

____

____

目标陈述

你的目标就是得到面试机会。如果你问“我能去参加面试吗？”老板可能会回答说“不”。你肯定不想这样轻易地被一口回绝！工作表中已经给出了解决的办法。

你的目标陈述

在下面的空格处已经填上了电话结束语，因为这样说确实很有效！

你的目标陈述：“我什么时候可以来参加你们的面试？”

你最终的电话文稿

根据你在上面的工作表中所写的内容撰写你最终的电话文稿，把它写在另外一张纸上。可能要进行几次修改,直到它听起来通顺为止。你可以大声读出来让几个人听,并让他们给出意见。最终的版本一定是你真正想要说的内容,并要确保能够在30秒内大声读完。

进行有效的电话联系

你打电话的目的就是得到面试机会。下面是一些需要注意的地方,可以增加你的成功几率。

- **联系具有招聘权的人**:你需要直接和最可能雇用你或管理你的部门联系,不要和人力资源部联系,除非你是想进这个部门工作。如果提前不知道联系人的姓名,你应想办法打听到你想去工作的那个部门的负责人的名字。如果是个小公司,直接跟经理或公司负责人联系,要打听到负责人姓名的正确拼写方式并马上写下来,以便在交谈或今后的信函中可以直接使用这个名字。
- **获取直接有效的电话号码和电子邮件地址以防自己被淘汰**:有时,接线员或其他职员会尝试筛掉你的电话。如果他们听到你是在为求职而打电话,他(她)会直接把你的电话转接给人力资源部或让你发一份简历或填一张申请表,其目的就是避免你直接联系老板。

避免被淘汰的办法

下面是一些避免被淘汰的办法。

- **从用人单位的网站中获取联系人信息**:很多公司在他们的网站中公开了联系方式,包括各部门负责人的姓名和邮箱。如果网站上没有这些信息,你可以通过给网站管理员发邮件得到所需信息。
- **继续打电话**:如果第一次打电话被接线员或秘书推脱或回绝,一天后再次打电话,并告知对方你正准备给你所感兴趣的部门的负责人发邮件或其他函件。事实的确如此,因为你还要发送其他求职信息。告诉接电话的人你需要负责人的姓名、头衔和电子邮箱地址,这种方法常常会帮你得到所需要的信息。总之,先向对方表示感谢,一两天后再给他打电话索要相关部门负责人或经理的姓名,然后你就可以直接电话联系了。
- **在那些常接电话的秘书或职员不在的时候打电话**:如果在那些经常接电话的秘书或职员出去吃午饭时给办公室打电话,你可能会直接得到所需要的信息。上班前或上班后打电话也是比较好的时机,那个时候通常是一些刚参加工作不久的新职员在办公室,他们可能会直接告诉你你想知道的信息。
- **应对留言信箱**:如果对方是留言信箱,你只要再按"0"或拿着电话不要挂掉就可以联系上对方。如果是公司负责人的留言信箱,记得回头再给他回电话。

能够让老板认识的人给予引荐是最好的方法。如果真认识这样的人,在电话中要立即说出他的名字。例如:

"您好,比特女士,是琼·巴格斯比让我给您打电话的。"

如果接电话的人问你有何贵干,你应该说:

"比特女士的朋友让我给她打电话说一点私人的事情。"

总之,如果是老板的朋友帮你推荐,你通常可以直接通过电话得到所需信息,事情就这么简单。

如果需要,可以对电话文稿内容进行必要调整

有时完全按电话文稿内容打电话不一定可行。例如,如果你是给认识的人打电话,在说出主要目的之前

可以先进行一些友好的交谈，然后再按电话文稿交谈，你可以这样开始：

"我打电话是想让您知道我正在找工作，我想您可以帮我。我先谈谈我自己的情况吧。我想找一个……的岗位。"（下面开始按电话文稿内容进行。）

你可能还会遇上其他需要调整电话文稿的情况。要相信自己的判断。多练习几次，打电话会变得更容易的。

寻求面试或推荐机会，采取后续措施

不管是用 JIST 卡，还是与相关人员联系，或者是使用各种求职工具或技巧，记住你只有两个主要目的：

- 得到面试机会。
- 得到可以给你提供工作岗位的负责人的名字。

取得联系后，接下来你一定要按自己承诺的去采取跟进措施，包括给对方发感谢函或邮件。这会给老板带来意外惊喜。很少有人会"费力"做这么几件小事，所以你一定要以此传达积极印象。

案例：撰写简历需谨慎

埃文做好了所有的准备工作。他要申请 5 份教学工作：2 份大学的，3 份高中的。他搜索了 5 所学校的信息，分别写了求职信并更新了简历。将简历放入信封后，他将信件投入了邮筒。

然而，几个小时后，当他欲应聘另外一所大学的职位时，才发现他刚刚寄出的简历的"求职目标"中写的是："求职应聘著名私立高中的英语教师岗位，可教任意年级。"不幸的是，他的邮件已被取走了。

埃文最终收到了 3 所著名私立高中的电话，而那两所大学则只简单地回了封信，告诉他没有适合他的岗位。

第 8 章

如何在面试的 7 个阶段获得积极的回应

面试是找工作过程中最艰难的阶段之一，大家可能都会感到紧张。你之前也可能有过糟糕的面试经历，这使你不愿意再面对那样的场景。但事实是不管你喜欢不喜欢，在面试中遭到拒绝是常有的事。

你完全不必有这样的顾虑，只需搞明白你想找什么样的工作，你具备什么样的技能、经验及培训经历。你需要做的是让老板确信你能够做好这份工作。这一章及以后的章节会展示如何应对面试。

老板真正想了解什么

老板通过面试过程来评价你是否可以担当这份工作。你会是一个好员工吗？如果他们认为你不称职或工作不努力，他们是不会给你这个工作岗位的。如果你的表现符合他们的期望，你可能会得到这份工作。总之，在面试过程中你要知道自己应该做什么、说什么，应尽量满足老板的期望。

你已经看过第 2 章中关于老板的期望部分，“满足老板的期望”在“老板们看重什么”这个标题下。在面试中老板对这些期望是很看重的。正因如此，我们在这儿再回顾一下老板的期望，并增加一些与面试相关的细节。

> “真正的诚实是做正确的事，即使不会有人知道是你做的。”
>
> ——奥普拉·温弗瑞

期望 1：第一印象

求职者在面试中的第一印象是非常重要的。如果你一开始给面试官留下了不好的印象，以后也是很难改变的，你也就很难得到这份工作。下面的内容在面试的最初几分钟就起到至关重要的作用。

- 个人外表及服饰：你的外表打扮适合所申请的工作岗位吗？
- 言行举止和社会能力：当你和面试官第一次见面时，你的言行举止是否友好而得体？
- 面试前的沟通：在面试前你是否已经通过电子邮件、简历、JIST 求职简卡、电话或其他联络方式给对方留下了好印象？

期望 2:“软技能”,尤其是你的可靠性及其他品质

老板想知道你是否是他（她）可信赖的人,在面试中你说的或做的任何事都可能会对你有利或有弊。下面是一些面试者要问你的问题:

- 你会准时到岗且不滥用时间吗?
- 你是值得信任的人吗?
- 你能按时完成工作任务吗?
- 你与别人能够融洽相处吗?
- 你工作高效而努力吗?

期望 3:与工作相关的技能、经验和培训

你能胜任这个工作吗? 老板还想知道你是否具备这项工作所必需的背景。以下是老板想要了解的关于你的一些情况,你是否具备以下各项条件:

- 丰富的工作经验
- 合格的教育和培训
- 与该工作相关的兴趣和爱好
- 可以支持你干好工作的其他的生活经历
- 以往在学校、工作岗位和其他活动中的成绩
- 如果得到这份工作机会,陈述一下自己的工作能力

不管以何种方式,面试者一定会了解关于你的上述情况。在面试过程中的任何环节,他们都在审视、评价你,即使你根本没有预料到。为了使你在面试中表现得更好,我已经把面试过程分解为 7 个部分或阶段。当你学会处理每一个阶段时,你就会更好地满足老板的期望,也就更可能得到你想要的工作岗位。

成功的技巧

职业化

罗伯特正在与一些重要的潜在客户用商务午餐。突然,他想起了昨天晚上在电视上看到的一个非常有趣的笑话,内容是关于站在天国之门外的 3 个教皇。他非常想举起手,打断其中一个客户正在谈论的话题,然后说“你们肯定没听过这个笑话……”如果他真的这样做了,会有什么后果?

面试的 7 个阶段

没有两个面试是完全相同的,但总会有相似之处。如果你认真研究面试过程,你会发现面试有不同的阶段。研究这些阶段可以帮你学会处理好面试。如下就是面试过程的 7 个阶段:

1. 面试的准备阶段。
2. 在面试之初保持镇静。
3. 在面试中成功展示自我。

4. 结束面试。
5. 面试后的跟进。
6. 商讨薪水。
7. 做出最后的决定。

以上每个阶段都很重要。下文将告诉你原因，并提供关于每个阶段的应对小窍门。

第1阶段：面试的准备阶段

面试之前，你就已经给面试官留下了印象。

在面试前第一印象是如何形成的

写出至少两条关于如何在面试前给面试官留下或好或坏印象的方法。

1. ______________________________
2. ______________________________

面试官对你的评价从面试之前就已经开始了。例如，你可能已经给面试官发过邮件或者通过电话或者寄过简历，也可能已经有其他人向老板提到过你。在面试前以任何方式与老板联系都要小心，尽可能要给他(她)留下好印象。第一印象如此重要，你需要在面试前考虑以下几点。

精心穿着打扮

在正常的工作日，你不需要穿的像个老板一样正式，但在面试时一定要穿的尽量正式。当然，不同的工作岗位和部门要求不同类型的着装风格。例如，申请汽车修理工岗位的人必定和申请办公室岗位的人穿着不同。你应该依照自己工作岗位来决定自己的穿着打扮。面试时的穿着打扮应遵循如下规则：最好穿得(或打扮得)像面试官那样，或者更正式。

穿着打扮不仅会因工作岗位的不同而有所区别，也会因国家、地区而异。每个人都应按自身的情况着装打扮。下面是一些对你有益的小建议：

- **要用心打扮自己。**双手干净，不留长指甲。剪掉掩面头发，换一个简单的发型。一定要注重一些小细节，老板们对此很在意。
- **不要用过多的香水，也不要化太浓的妆或佩戴过多的珠宝首饰。**穿着保守一点，打扮得简单利落，避免太多修饰性的服饰，稍稍涂抹一点香水或古龙水，抑或不用。
- **不要穿牛仔裤、紧身背心、短裤或其他太随意的衣服。**有些衣服尽管穿着很好看，却不适合面试这样正式的场合。如果你一直在犹豫要不要穿某件衣服，那还是不穿为好。
- **穿着要尽量保守。**面试不是时尚秀，不论是大公司还是小公司，办公室工作都要尽量穿着保守一点，因为老板们认为这样可以给客户留下更好的印象。
- **准备面试专用服装。**有些衣服适合多种类型的工作。对在办公室工作的男士来讲，保守型衣服包括长裤、运动夹克、色调庄重的衬衣和保守型的领带。女士会有更多的选择，但一件裁剪简单的裙子，合体的夹克衫或是白色衬衫应该是最好的选择。

- **不怕穿的太正式，就怕穿的太不正式。**一些工作（甚至是办公室的许多工作）也不要求穿的太正式，但对于面试的场合，一定要穿的比平时做这份工作的衣服正式一些，过于正式也未尝不可。
- **细节很重要。**研究发现，老板非常注重面试者鞋子的整洁和样式。他们认为穿着又脏又旧的鞋子的人非常邋遢而且不够努力。小细节决定大事情，所以一定要注意穿着打扮的每个小细节。
- **如有必要，适当开支。**面试前没有必要在穿着上花很多钱。把发型整得利落、精神些。如果你手头钱不多，可以借一套行头，也可以在二手货商店购买一套质量好的衣服。但要确保至少有一套适合面试穿的衣服，这很重要。
- **听取他人建议。**如果面试前你不知如何穿着打扮，可以向朋友或家人征求意见，尤其要征求那些对服装或打扮有一定鉴赏力的人的意见。

你的面试服装

仔细考虑后，请在下面的空白处填写你打算如何穿着打扮去参加面试。

____

____

在面试前了解老板

在重要的面试前要认真地研究你要就业的公司或面试官，这会有助于你给老板留下好印象！例如，了解到公司要扩张，这会帮你在面试中更多强调与此相关的技能；多了解老板的喜好可以帮你知道如何在面试中展开话题。如果这个公司有网站，要仔细看一下其中的内容，并通过网络查找关于这个公司的信息及面试官姓名。一个好的图书管理员也可以帮你通过网上数据库、新闻故事或其他信息资源得到相关信息。在这个公司工作的人员或把你推荐给老板的人也是很好的信息来源。你应该试着了解以下几点：

公司情况

- 公司的规模、员工人数？
- 主要的产品或服务？
- 公司竞争对手及竞争环境？
- 政策或形势有没有大的变化？
- 公司的声誉如何、理念如何？
- 公司主要的劣势和机遇？

面试官

- 面试官的职级和责任范围是什么？
- 面试官有特别的与工作相关的项目、兴趣和成绩吗？
- 面试官的个人兴趣（家庭、爱好等等）是什么？
- 面试官是什么类型的老板？

■ 他(她)的管理方式是什么?

职位状况

■ 目前有岗位空缺或类似工作吗?

■ 类似岗位的其他员工发展如何?

■ 薪水、福利方面怎样?

■ 责任和义务分别是什么?

商务礼仪 守时

在商务场合下守时是尤为重要的。无论是参加正式的面试还是商务午餐,如果不能提前到的话,就一定要准时到。早到超过5分钟的话会显得你过分热忱,但是如果你迟到了又该怎么办呢?这时,你应该:如果可能,联系你要见的人并告知他们。你到了之后,要为自己的迟到而道歉,但不要浪费很长时间解释你为什么迟到。

其他能塑造良好的第一印象的几个方面

如果你想使自己每一处表现都能让老板认为你是一个可靠、有效的员工的话,下面的几点可以帮助你塑造积极的印象。

■ **早到。**确保至少要提前几分钟到达面试地点。通过谷歌地图或GPS查找面试地点。但是假如你比面试时间提前5分钟以上到达,不要马上去前台接待处登记,先去附近找一家咖啡店或图书馆待一会,等到了面试时间再进去。

■ **检查服装仪容和其他细节。**面试之前先到卫生间照一下镜子,整理一下头发和衣服。放松一下,做好心理准备。检查一下简历、JIST求职简卡以及是否带笔。

■ **牢记接待员对你的印象同样重要。**要礼貌友好地对待公司任何跟你打招呼的员工。如果你跟接待员打过电话,记得要提起这件事并对他的帮助表示感谢。假设面试官想听你在等候室里的表现,也许面试官会问接待员你的种种行为。

■ **如果面试官迟到,你很幸运。**如果面试官迟到,他(她)会因为让你等他(她)而觉得不好意思,因此他们会对你比一般人更好,以此来弥补。如果你需要等待20分钟以上,可请求给你另外安排面试。你不会想表现得好像你无事可做。面试官很有可能会为你补上面试的。

自我提高笔记

想想你学到的关于面试第1阶段的要点,写下能促使你有更好表现的一些具体想法。

____

____

____

第2阶段：在面试之初保持镇静

面试的前几分钟是非常重要的。研究表明，面试官会在最初的几分钟里快速地形成好印象或坏印象。如果你已经在面试的前5分钟里留下了不好的印象，就很难改变了。

再次强调，第一印象很重要

你已经知道你的服装和仪表是多么重要。面试官还会对什么有反应？列举影响面试官对面试者第一印象的3个方面。

1. ____________________
2. ____________________
3. ____________________

面试官在面试最初的几分钟里做何反应

在面试之初，面试官就会对你的一言一行做出回应，以下是他们最看重的几个方面：

- **打招呼**：准备好友好的打招呼的方式！表现出你来这里很高兴。虽然这是商务会面，你还是要考虑你的社交技巧的。握手时要强而有力但不要过于猛烈，面试官不愿握手那就另当别论了。如有可能，称呼面试官的姓名，比方说："很高兴见到你，凯莉女士。"提前询问接待员该如何称呼面试官，以及他们最喜欢的称谓方式。
- **姿势**：你的站姿和坐姿都会对你有影响。当你坐着说话或倾听时如果身体向前倾会让你看上去对话题很感兴趣。如果你往后倚的话，那你就太懈怠了。
- **声音**：你可能会紧张，但尽量使自己听上去热情而友好。你的声音不能太柔也不能太大。让自己听上去自信一些。
- **眼神交流**：那些不正视别人眼睛的人被认为是害羞、无安全感甚至是不诚实的。尽管你不能瞪着别人，但当你倾听或者说话时，与对方进行眼神交流会显得你更自信。
- **分散注意力的习惯**：你可能有紧张的习惯，这一点或许自己也没有注意。面试官可能认为这些习惯非常讨人厌：爱玩弄头发或衣服，常常说"你知道"或一遍又一遍地说"嗯""啊"等。从别人的角度审视自己的最好办法就是在面试角色扮演时进行录像。如果这种方法做不到，那就注意别人对你的看法，然后尽量改变自己的不良行为。你的朋友和亲戚能够帮你意识到你身上的那些面试时禁忌的坏习惯。

工作天地

你在面试开始和结束时表现怎样？

心理学研究表明，人们通常会记得最初和最后的事情，但是常常忘记中间的部分。这就叫做"首尾效应"。这种情况同样适用于面试。面试过几次的老板大体会记得对每个应聘者最初和最后的印象。这样，即使你在中间有一些问题显得局促，但只要确保开头和结尾不错就行。

用面试的前几分钟建立良好关系

几乎所有的面试都是以非正式的谈话开始。共同的话题是天气、来办公室是否有困难，以及其他类似的话题。非正式的谈话似乎跟面试没有关系，但实际上是有的。这前几分钟会让面试官觉察出你是否有良好的社交能力。以下是一些富有经验的面试官所提供的建议，能够帮助你在面试的最初几分钟有更好的表现。

- **顺其自然。**放轻松，忘记自己接下来马上要进入到一场严肃的面试中，顺着老板的安排来。
- **微笑。**让面试官看出、听出你乐意来此参加面试和跟面试官见面。
- **正式称呼面试官的名字。**使用“罗格先生”或“伊万女士”，除非别人要求你称呼其他名字，交谈时尽量多称呼面试官的名字。
- **赞美面试官办公室里的东西，或找出一些和面试官共同的地方。**大部分办公室都有照片或装饰品，你可以对此进行评论。告诉面试官你认为他的孩子很可爱或者你喜欢他办公室的装饰。
- **问些问题做开场白。**如果面试官在和你友好交谈了几分钟后还没有开始面试，你可以提问一个问题作为开始。比如：“我想知道更多关于贵公司的情况。您可以告诉我吗？”或者“我有某某方面的背景知识和能力，我对自己如何在贵公司施展这些技能很感兴趣。”

自我提高笔记

想想你学到的关于面试第 2 阶段的要点，写下能促使你有更好表现的一些具体想法。

____

____

____

____

第 3 阶段：在面试中成功展示自我

第 3 阶段是面试中最复杂的部分。这是面试官试图发现你的优势和不足的时候。该阶段能持续 15 分钟至 45 分钟，甚至更长。

在此期间，面试官几乎会问你所有的事情。他们会探求你身上的任何问题，也想要确定你是否有干好这份工作的技能、经验和个性。如果你已经在面试最初的阶段给他们留下了好印象，你可以利用这个阶段充分谈论你能胜任这份工作的资格。

本阶段的关键步骤

在这一阶段有几个你要遵循的关键步骤：

- **了解自己的主要技能。**在面试中强调有助于自己承担老板提供的工作的主要技能。
- **回答面试难点问题。**每个面试官都会问一些难回答的问题。准备好答案！在某个调查中，老板反映他们所面试的大部分求职者不会回答一个或更多难点问题。超过 80% 的求职者无法说明自己拥有承担某份工作的技能。显然，无法出色地回答基本面试问题对于求职者来讲是个大问题。好消息是你可以学习如何回答面试中的多数问题,这对于你获得工作机会来讲意义重大。在下一章里我会提供一些回答这些面试问题的提示。

- **了解工作内容。**在参考资料中查阅工作说明,比如《职业展望手册》(可以在大多数图书馆和 www.bls.gov/oco 网站上找到),然后强调为什么说自己已经为这份工作做好了准备。
- **发问准备好问题。**在面试前列举你想知道的要点,包括工作责任、你该向谁汇报以及办公时间,然后在面试中询问这些问题。
- **展示能让你加分的文件。**多拿几份简历、JIST 求职简卡和推荐信的复印件。如果你有工作样本和其他证明材料的文件夹,也带在身边。
- **给老板一个理由让他录用你而不是他人。**如果你想要这份工作,这是最重要的部分。提前考虑一下,向老板说明他应该录用你的一个或多个好理由。

10 个最常问的面试问题

面试问题数以千计,我只列举了 10 个最常见的问题。虽然这些问题有可能用不同方式来问,但都是求职者最有可能被问及的问题。如果你能回答好这些问题,你就能够应付其他大多数问题了。(下一章会告诉你如何回答这些棘手的面试问题。)

10 个最经常问的面试问题:

1. 能不能介绍一下你自己?
2. 我为什么要录用你?
3. 你主要的长处是什么?
4. 你主要的不足是什么?
5. 你希望得到的薪水是怎样的?
6. 你之前的工作经历与我们的这份工作有何联系?
7. 你将来的打算是什么?
8. 你以前的老板(推荐人)如何评价你?
9. 为什么寻找这种职位,为什么找我们公司?
10. 为什么不说说你的个人情况?

注意:对于老板来讲,上面有一些问题看起来不适合直接拿来提问。研究发现,即使他们不这么问,以上这些问题仍是他们最想知道的。

自我提高笔记

想想你学到的关于面试第 3 阶段的要点,写下能促使你有更好表现的一些具体想法。

____

____

____

____

第 4 阶段：结束面试

当别人忽视结束面试的技巧时，你的结束方式对你来讲意义重大。

结束面试的 3 个提示

使用下列提示会使你自信地离开：

- 做最后总结。当面试快要结束时，花几分钟总结你的主要长处。向面试官指出自己胜任这份工作的优势以及为什么能干好这份工作。如果面试过程中出现了任何问题或劣势，你应陈述这不会成为你做好工作的障碍。
- 如果你想要这份工作，说出来。如果你对这份工作感兴趣，说出来！如果你想要这份工作，就说你想要！很多老板愿意雇佣某个人就是因为这个应聘者确实想要这份工作并如实说了出来。
- 使用回电结束技巧。这个技巧可以在面试结束时让你占据优势。你可能在开始时对这一技巧感觉不太舒服，因为你需要练习，但的确管用！

使用回电结束技巧

使用下列步骤创建回电结束语：

1. 称呼姓名，感谢面试官。
2. 表明你对工作以及公司的兴趣。
3. 用合适理由安排时间再次联系老板。
4. 说再见。

下面是结束面试回电的例子：

- 称呼姓名，感谢面试官。当你们握手时，说："谢谢您的宝贵时间，威廉先生。"
- 表达兴趣。告诉老板你对这个职位或公司感兴趣（或者都感兴趣）。比如："我们讨论的这个职位就是我一直在寻找的。我对贵公司印象很好，我相信我可以在这里做出一番成绩。"
- 用合适理由安排时间回电。如果面试官愿意帮忙的话，他（她）不会介意你再次联系他。你要安排时间再次联系面试官。永远不要期待老板会主动联系你。你可以这样说："我认为我会有一些其他的问题，什么时间我再找你比较好呢？"
- 说再见。在你定了和面试官联系的时间和日期之后，要称呼名字感谢他并说"再见"。"谢谢您给予我您的宝贵时间，美乐女士。下周二上午 9～10 点我会跟您联系的。"

自我提高笔记

想想你学到的关于面试第 4 阶段的要点，写下能促使你有更好表现的一些具体想法。

____

____

____

____

第 5 阶段：面试后的跟进

一旦面试结束，一切就结束了，对吗？并不是。你应该采取后续措施进行跟进！这会把你和其他求职者区别开来。步骤如下：

- **发感谢函。**在面试结束的 24 小时内发一封感谢函。如果你通过信件投递的话，放入一张 JIST 求职简卡或简历，抑或把两者同时装入信封。如果你使用电子邮件，把 JIST 求职简卡和简历作为附件附上。
- **记笔记。**当印象尚还清晰时，写下自己的面试记录，包括主要的责任、收获或其他你可能一周后就忘掉的细节。
- **信守承诺，采取后续措施。**如果你说过要下周二 9～10 点之间会回电的话，一定要做。这样会使面试官对你印象深刻，认为你是个很有条理的应聘者。

发送感谢函的重要性

发感谢函是表示感谢的简易办法。收到感谢函的人会很高兴。感谢函还有一个实际的好处就是收到感谢函的人会更有可能记住你。老板说他们很少收到感谢函，他们通常会褒赞给他们发感谢函的人，认为他们心思缜密，富有条理，做事认真。

假如你无法胜任，感谢函并不会帮助你得到工作，但是会给老板留下印象。一旦有适合的岗位出现，老板们就会想起你。当你表达谢意后，求职网站的工作人员也会乐于帮助你。

准备感谢函的 7 个步骤

正如之前所提到的，纸质版感谢函更容易被天天都收到电子邮件的老板所注意。你可以在发电子邮件致谢之后再发一份纸质感谢函。下面是准备纸版感谢函的 7 个步骤。这里的大多数提示也适用于电子邮件致谢：

- **使用高质量的纸和信封。**你可以用卡片大小的纸张和小一些的信封。印着"谢谢您"字样的纸张在文具店和办公用品店都可以买到，也可以用打印机打出来。使用高质量的纸，配上白色、灰白色或其他保守颜色的信封。
- **决定使用打印版还是手写版感谢函。**除非你的书法确实太逊，发送手写的感谢函是很好的选择。打印版的感谢函，只要是颇有个性也不错。
- **称呼要用姓氏尊称，不要直呼其名。**除非你是感谢你的朋友或亲戚，否则不要直呼他人名字。要用"亲爱的昆邵女士"或"昆邵女士"而不要用"亲爱的维拉"。感谢函也要写上日期。
- **要简短。**确保你的感谢函简短而友好。这不是你发挥写作水平的地方，比如"你应该雇佣我，原因是……"，感谢函是为了感谢别人的帮助，不要强行从别人那里得到你想要的东西。合适的话，定好下次联络的具体时间。如果定好了要见面，表达你渴望相见的意愿并确定好日期和时间。确保你以电子邮件方式或邮寄方式发送的感谢函漂亮美观，绝不要出现拼写和语法错误。

- **注意签名。**使用你的全名,确保签名字迹清晰可辨。
- **快速寄出感谢函。**就像前面所讲到的,感谢函应在面试后的24小时内发出。最好是在面试过后立马就写。即使面试不顺利,也要在之后寄送一份感谢函。可能面试官也会觉得抱歉,或许会再给你一次机会。
- **附上附件。**就情况而言,JIST求职简卡是最好的附件。如果面试官想找你的话,这便是为你提供联络信息的软推销方式。(我不敢相信一份工作已经在我面前了!上周跟我说话的那个人是谁?)确保你的感谢函至少和JIST卡一样大,你就不必把JIST卡折起来了。

感谢函范例

宾夕法尼亚州费城
禾木大街2244号
邮编:17963
××××年4月16日

海伦A.克斯特女士
汉德森电子公司
宾夕法尼亚州费城西大街1801号1201房间
邮编:17963

亲爱的克斯特女士:

感谢您今天抽出宝贵的时间与我谈话。很高兴亲眼目睹了贵公司先进的电子设备。

事实证明您的建议对我很有帮助。我已和罗伯特先生预约本周五见面。正如您所预料的,他的确想在接下来几个月里招聘几个技师来增加人手。

我随函附上了一份JIST求职简卡,如果有别人需要像我这样技能的人,请您推荐。我会跟您汇报我和史密斯先生的面试进展情况。

您诚挚的,
詹姆·华盛顿(签名)

留言范例

> 亲爱的克斯特女士：
>
> 感谢您今天抽出宝贵的时间与我谈话。很高兴亲眼目睹了贵公司先进的电子设备。
>
> 事实证明您的建议对我很有帮助。我已和罗伯特先生预约本周五见面。正如您所预料的，他的确想在接下来几个月里招聘几个技师来增加人手。
>
> 我随函附上了一份 JIST 求职简卡，如果有别人需要像我这样技能的人，请您推荐。我会跟您汇报我和史密斯先生的面试进展情况。
>
> 您诚挚的，
>
> 詹姆·华盛顿

自我提高笔记

想想你学到的关于面试第 5 阶段的要点，写下能促使你有更好表现的一些具体想法。

第 6 阶段：商讨薪水

要注意了，相比这本书的价格而言，这部分信息对你来讲会更值钱。假设你正在面试的这份工作听上去比较理想，你还是要回答一些难题。

你该说什么？

假如面试官问你："这个职位你想要多少薪水？"你会说什么？请写在下面。

不管你说想要多少，可能都不是明智的回答！除非你做足准备。假设老板想要每年付给你 25 000 美元。如果你说你想要每年 23 000 美元，猜想一下你会得到多少钱？以每秒 200 美元计算，10 秒钟内失去了

2 000 美元，那或许是你一生中最昂贵的 10 秒钟！

可能也会因为其他回答让你失去这份工作！老板不打算录用你了。他们认为公司需要一个值得支付 25 000 美元的人，这就把你排除了。或者你回答干这份工作的期望收入是 27 000 美元。你也可能会输在这一点上，很多老板会认为你对他们提供的较低薪水不满，即使你自身已经觉得满足了。所以知道如何回答有关薪水的问题是很重要的。一定要记住一个重点：除非你已经得到这份工作，否则永远都不要讨论薪水问题。

> “除非你已经得到这份工作，否则永远都不要讨论薪水问题。”

很多求职者在回答与薪水相关的问题时都犯难。但是你可以不断学习，争取比大部分求职者做得更好。在下一章你会读到更多关于如何商谈薪水的内容。

自我提高笔记

想想你学到的关于面试第 6 阶段的要点，写下能促使你有更好表现的一些具体想法。

____

____

____

____

第 7 阶段：做出最后的决定

面试过程直到你接受工作录用才结束。有时接受一份工作是很简单的决定，但有时做决定却很困难。

下面的表格范例帮你在纸上列出了你是否决定接受这份工作的积极因素和消极因素。遵循这个过程来求职的人通常能够做出较好的决定。研究表明这些人是比较愉悦地做出决定的，即使他们作出的决定最后不一定能成功。该范例可帮助你做出任何重大决定。

这个范例展示了应该如何看待一份工作。你可以在一张空白纸上做出自己的表格。这个表格可以助你做个好决定。

范例：如何做决定

供考虑的选择：接受还是拒绝这份工作

积极因素	消极因素
工资高	有压力
很享受这份工作	长时间工作
有自己的办公室	工作安全感差
更好的福利	老板脾气坏
职位高	压抑

自我提高笔记

想想你学到的关于面试第 7 阶段的要点，写下能促使你有更好表现的一些具体想法。

成功的面试实践

你已经学了关于面试的 7 个步骤。我相信这些信息会帮助你理解面试内容并提升面试表现。在下一章里，你会学习如何回答面试难题。知道如何回答这些难题有助于你得到想要的工作。

案例：镇静有益

成功的面试固然有欢喜的结局，但面试本身通常是坎坷的。让人印象深刻的往往是那些糟糕的面试经历。肯特应聘制药公司公关经理的一次经历可谓恐怖，当他正要去面试的时候，一场不期而至的大雨把他浇成了落汤鸡。

肯特永远会记得他一生中最尴尬的那场面试。在办公大楼里把水滴得到处都是，肯特为此多次道歉。事后，虽然他不记得有关道歉的细节，但他却清楚地记得面试官说过的话："幸亏我们不是雇用你当模特。"

为了表现得不那么尴尬，肯特静下心来，努力调整信心，并顺利通过了面试的其他环节。虽然他说自己的"落汤鸡"事件如今仍是公司的笑料，但是，在面试后，他获得了那个职位，他说这归功于他之后的镇静。

第9章

面试时如何回答棘手问题

在上一章里，你学到了面试有7个阶段。第3个阶段是面试本身，也是最复杂的部分。一般会持续15～45分钟，或者更长。在本环节，面试官设计的所有问题都将决定你能否被录用。

本章节将讨论如何更加有效地准备面试环节中可能会被问及的问题。

不要措手不及

面试官在面试中可能会问你任何问题。他们在极力找出你的优势与不足，发现你不能胜任该工作的"证据"，以避免录用了不合适的人选。即使你没被淘汰，他们也想进一步确认你是否具备胜任该工作的能力、经验以及性格品质。

> 没有人能使你感到自卑，除非你先同意。
>
> ——埃莉诺·罗斯福

要做好准备回答难题

对于求职者来说，在面试中遇到的最大挑战就是如何回答一个或多个难题。下面就是一个典型的难题。写出你的答案，尽量简短。

面试问题：你对将来有什么打算？____

____

____

____

____

你对自己写下的答案满意吗？你的回答会给面试官留下好印象吗？

像很多求职者一样，你可以学着做得更好。正如我在本书的前面部分所讲的那样，某项调查发现，老板认为大部分的应聘者不会回答一个或更多的难题，80%多的人甚至不能描述自己具备工作所需的哪些技能。对于很多求职者来讲这是个很严肃的问题，因为这将无法使他们得到称心的工作。下面是你在面试中最有可能被问到的10个问题。

1. 能不能介绍一下你自己？
2. 我为什么要录用你？
3. 你主要的优势是什么？
4. 你主要的弱点是什么？
5. 你希望得到的薪酬是怎样的？
6. 你之前的工作经历与我们的这份工作有何联系？
7. 你将来的打算是什么？
8. 你以前的老板（或推荐人）如何评价你？
9. 为什么寻找这种职位，为什么找我们公司？
10. 为什么不说说你的个人情况？

重要的是要记住很少有老板会这么直接地问你这些问题。他们不会用这么咄咄逼人的语气发问。比如：他们可能不问："为什么不说说你的个人情况？"而是通过比较随意的谈话去找到他们想要的答案。他们也不会问："你主要的长处是什么？"而是问："请告诉我你与老板或同事之间有过什么样的冲突，你是如何解决的？"上表所列问题是你有可能被问到的典型问题的示例，但是有时这些问题会以其他方式提出。

这10个问题涵盖了老板要询问问题的大部分类型，但是其他很多问题也都可能被问到。因为可以问的问题太多了，我们无法提前准备。所以，学习回答问题的技巧要比记住少量问题的答案重要得多。现在，就让我们花些时间去学习所有难题的应答技巧吧。

成功的技巧

适应性

另一个部门的经理来找桑德拉询问她是否可以帮助他完成一份重要的报告，因为他的助理这周不在。不巧的是，这份报告要在今天完成。桑德拉的工作职责上清楚地写着她的责任范围，这并不包括协助其他部门的经理。而且，她还有自己的工作要做。那么她该怎么办呢？

回答面试难题的"3步法"

接下来的方法会通过简单的方式让你理解在面试中被问到的问题。经过练习，你可以使用这些步骤来回答面试中的大多数问题。

第1步：理解问题问的究竟是什么。

很多的难题都是老板用来试探你是否可靠或能否满足某些方面要求的。这些问题通常是沿着这样的路线来问的：

■ 我们可以信赖你吗？

- 你容易相处吗?
- 你是个好员工吗?

这些问题也和老板的另一个期望有关:你有能够承担这份工作的技能、经验和培训经历吗?

第 2 步:用非破坏性的语言简要回答问题。

- 陈述事实。
- 展示优势而不是呈现短处。

第 3 步:通过展示你的技能,解答老板真正关注的问题。

一旦你弄明白了问题真正问的是什么,按照要求回答。但是回答中要尽量融入对你有益的一些信息:

- 提及自己的一项或多项主要技能,正如你的 JIST 求职简卡上所列的,或该书前面部分所列出的关键技能。
- 给出具体的例子证明你的技能。

我举一个使用这 3 个步骤回答面试问题的例子。这 10 个问题中的一个是:你将来的打算是什么? 对此问题让我们使用 3 步法说明如何给出诚实的答案以满足老板的期望。

提醒:知道老板期望什么

要给出满意的答案,知道老板期望什么是很重要的。这在第 2 章中提到过,但还包括如下的内容:

- 期望 1:第一印象。
- 期望 2:"软技能",尤其是可靠性和其他的个性品质。
- 期望 3:与工作相关的技能、经验和培训。

第 1 步:理解问题问的究竟是什么

老板到底想知道什么? 看看前面所描述的 3 个步骤,判断老板想用该问题探求到什么。

写出你认为老板真正想问的问题 ______________________________

____

____

____

提出这个问题,面试官或许是想知道你能在这个岗位上干多久,或许是想知道你是否真正想要到这家公司的这个岗位上工作。回答说你想周游世界或许很有趣,但不会是个好答案。

第 2 步:用非破坏性的语言简要回答问题

首先,回答所问问题。例如,你可以说:

"在接下来的 5 年我想做好多事情。其中一个就是步入想要从事的行业,多多学习。"

这是一个简短的回答,不罗唆,也没什么坏处。同时,也为回答真正的问题开了个头。

第 3 步:通过展示你的技能,解答老板真正关注的问题

问问自己:"老板问这个问题到底想要知道什么?"虽然问题不是那么直白明了,面试官可能是想知道你是否可靠。比方说,如果你刚来某地,老板可能想知道你是否打算很快离开,所以就这么问了。了解到这些,你可以这样说:"我做过好多工作(或者做过一项工作,或者目前无工作,或者有其他的工作经历)。我已经知道如何珍惜一份好的稳定的工作。我丰富的经历就是一笔财富,让我学到了很多,现在我可以把所学运用到这份工作中。我正在寻找一份可以全身心投入的工作,我会努力工作,力求最好。"

根据你自身的情况,你可以有其他的说法。这个回答强调了你的稳定性。尽管简短,这种答案恰恰满足了老板的期望。

在本章开头,你写下了"你对将来有什么打算"这个面试问题的回答。看看你写的答案,然后用 3 步法做一个更好的回答。

面试问题:你对将来有什么打算?____________________

____

____

面试中 10 个最常见问题的理想答案

现在,我们来看看回答这 10 个问题的一些提示与建议。你的答案可能和我给出的例子不太一样。但如果你用"3 步法"来回答面试难题,你就能学会如何有效地回答这些问题。那么你就会比大多数其他的应聘者做得更好。

问题 1:能不能介绍一下你自己?

面试官并不想知道你的生活经历!但是,他(她)想知道你的背景如何与这份工作相联系。下面是一位应聘者的回答:"我在西南部长大,我的父母和妹妹还在那里生活。我在学校表现良好,到我高中毕业的时候,我清楚自己想去商务公司工作,我的电脑和商务类课程学得很好。我在上学时候做的那些工作让我知道小型生意是如何经营的。我曾在一家年销售额超过 200 万美元的杂货批发企业做夜间的全职管理。我学会了如何管理他人以及如何在压力下解决问题。"

这个回答给出了简短的个人经历,然后直接转到应聘者的技能和经历部分。不同的工作需要你展示不同的技能。你的个人经历是独一无二的,但是你仍然可以用"3 步法"来回答问题。

你对问题1的回答

在面试中你如何回答问题1呢？使用三步法来写下你的答案。

____

____

____

____

商务礼仪

就餐礼仪

涉及就餐的面试和会议会让人觉得不太正式，但你仍然要保持专业。不要点吃起来费劲的食物（如带骨头的鸡肉）。尽可能避免喝酒，吃饭的时候尽量保持优雅的礼仪。（把餐巾放在腿上，别把胳膊肘放在桌上，正确使用刀叉等餐具。）等就餐结束再互换名片。

问题2：我为什么要录用你？

这是这里面最重要的问题！如果你没有好的理由，老板为什么一定要用你呢？这个问题并不经常明确地提出来，但这个问题是其他面试问题背后的问题。

最好的答案是那类可以展示你如何为老板解决难题、帮助公司赚更多的钱或为公司提供需要的其他有价值的东西的说法。想一想你能为公司所做的最有价值的贡献，尽量将你的信息包含在答案中。下面的回答是由一个近期接受过培训但是工作经验很少的人提供的："我在这个领域接受了2年的培训，我了解最新的设备和方法。这意味着我可以马上上岗并且高效工作。我也想努力学习一些新东西。我在上学期间，找了份全职工作，我的学费和生活费用都是通过这份工作挣得的。我明白要努力工作并且把注意力集中在重要的事情上。在这里我也想继续努力。因为我不会重返学校了，我打算在工作之余不断学习以满足岗位需要。"

你对问题2的回答

现在考虑一下你想找什么工作。你有哪些优势可以发挥到工作中？写下你的答案。

____

____

____

____

问题 3：你主要的优势是什么？

这是一个几乎没什么隐藏含义的直接问题，通过强调你在本书第 3 章里学到的适应性技能来回答。这都是老板们最关心的技能。下面的回答是由一个工作经验很少的人提供的："我认为我的优势之一就是你们可以信赖我。我工作努力，能按时完成任务，而且不需要他人监督。如果我不知道怎么做，我会向他人请教。在高中时，虽然非常热衷参加体育活动，我仍然取得了 B+ 等级的平均成绩。我总是能按时交作业并且挤时间发展兴趣爱好。"

你对问题 3 的回答

回顾一下第 3 章，用至少两项主要的适应性技能来回答。

____

____

____

____

问题 4：你主要的弱点是什么？

这个问题里有陷阱，大部分人处理得不好。如果你说你的弱点，你有可能就得不到这份工作；如果你说没有弱点，面试官不会相信。思考一下面试官为什么这么问你。他们想知道的是：你已经认识到了自身的弱点并且知道如何克服，而且，这些弱点不会影响你的工作。如果使用"三步法"的第二步你会得出这样的回答："我的确有一些弱点。比如，在我以前的工作中，因为我的同事对待工作不认真，我很恼火。有时我会把我的态度告诉他们；有几次他们让我做本该是他们做的事，我就拒绝了。"

你已经回答了这个问题，但是答案不应该就此结束！继续用"三步法"的第三步会让你得出这样的回答："但我已经学会更好地处理问题了。我依然努力工作，但我会请经理去处理其他同事的问题。我也学到了一些做管理者的技巧。我学会了激励员工去完成更多工作。当然，他们这样做的原因是他们想做，不是我想让他们做。"

你注意到这个所谓的弱点根本不是弱点了吗？我们很多的长处源于失败。我们从失败中学习并做得更好。在回答任何面试问题时，要展示积极的一面。承认自己有已经克服和正在克服的缺点是很重要的。如果你说你几乎没有缺点或表现傲慢，很多老板会否定你。

你对问题4的回答

列举你会在你的回答中谈及的弱点。然后挑出可以转为积极因素的一个,并用它来回答问题。记得使用“3步法”。

____

____

____

____

问题5:你希望得到的薪水是多少?

这个问题同样存在陷阱。知道如何回答好这个问题值好多钱!在前面的章节中,你已经学过了面试阶段之一是商讨薪水,这个问题就是关于它的。下面内容可以帮助你回答这个问题。

法尔薪水谈判法则

- 法则1:除非你已经得到这份工作,否则永远都不要讨论薪水问题。
- 法则2:预先了解可能的工资范围。
- 法则3:界定你预期的薪水范围。
- 法则4:正式录用前或者录用24小时内绝不因为薪水问题说“不”。

法尔薪水谈判法则1:除非你已经得到这份工作,否则永远都不要讨论薪水问题。

首先,有必要弄清法则1成立的原因。让我们再回顾我在前面章节中所谈到的内容。

记住,不管你说想要多少,可能都不是明智的回答!假设老板想要每年付给你25 000美元,如果你说你想要每年23 000美元,猜想一下你会得到多少钱?10秒钟内失去了2 000美元,那或许是你一生中最昂贵的10秒钟!

还要记住,其他回答也可能让你失去这份工作!如果你提出想要23 000美元的薪水,老板会认为公司需要一个值得支付25 000美元的人,这就把你排除了。或者你回答干这份工作的期望收入是27 000美元,你也可能会输在这一点上,很多老板会认为你对他们提供的较低薪水不满,即使你自身已经觉得满足了。

钱很重要

福利保险

随着卫生保健费用的上升和不断出现的社会保险问题，对大多数求职者来说，与工作相关的福利措施变得与年薪甚至小时薪酬几乎同等重要。根据人口统计局调查显示，每年超过4500万美国人没有健康保险。获得保险（包括健康险、汽车险、房屋保险和人寿险）对于保障未来良好的财务情况是至关重要的。大多公司提供健康保险计划，往往包含牙齿、视力及生命保险。在接受工作前，你应该认真考虑保险总额及作为一名员工你将为你和家庭支付保费的比率。

法尔薪水谈判法则 2：预先了解可能的工资范围。

面试前，你需要了解类似公司且类似工作的薪酬情况。图书馆和因特网是了解薪酬不错的信息来源。《职业前景手册》中提供了主要工作的平均收入。第 4 章《确定你的求职目标》中提供了更加专业化的工作岗位的收入。咨询一下你所在地区同行的薪资水平。考虑工资待遇时切记同一领域里的员工收入也不同，工作经验少的人的薪水必然要低于平均工资。

法尔薪水谈判法则 3：界定你预期的薪水范围。

如果你认为老板每年会付给你 \$25 000～\$30 000，就把你预期的薪水范围定在“2.5 万左右至 3 万出头”。这样就涵盖了老板心中的大致数目，也给了你可以争取更高薪水的余地。给出预期薪水范围不会让你被淘汰，反而可能会让你获取到远高于最低期望的薪值。

看看下面的示例，这些原则适用于任何工资范围，所以应记住这些，并且把它们应用于对你来讲合适的薪水预期上。

薪水界定示例：

工作给出的薪水	你要求的薪水	工作给出的薪水	你要求的薪水
9 美元 / 小时	8～11 美元 / 小时	22 000 美元 / 年	2 万～2.5 万美元
15 000 美元 / 年	15 000～19 000 美元 / 年	27 500 美元 / 年	3 万美元左右
18 000 美元 / 年	2 万美元左右	90 000 美元 / 年	10 万美元左右

界定你预期的薪水范围给你提供了工资浮动的可能性。这并不会使你被淘汰掉，却可能让你获得更高的薪水。

法尔薪水谈判法则 4：正式录用前或者录用 24 小时内绝不因为薪水问题说“不”。

记住，面试的目标是得到工作，很多求职者由于在面试初期谈论工资而被淘汰。如果你给招聘者留下的印象是你对工资的多少不满，你很有可能被淘汰。最好的办法是在你得到这份工作前避免谈论薪水。如果工资不如你所愿，应说“我想要考虑一下并会第二天打电话告知”，你那时再拒绝也不晚。

你也可以说如果薪水再高一点，你愿意接受这个职位；或许你会被给予更多的职责去享有更高的薪水；或者你可以过一段时间再谈涨工资。除非你愿意放弃眼前这份工作，否则不要做此协商。

你对问题5的回答

现在,用预期薪水范围的技巧回答关于薪水的问题。

____

____

____

____

问题6:你之前的工作经历与我们的这份工作有何联系?

这个问题需要一个直接答复。老板真正的用意是想问:"你能证明你有做好这份工作的经验和技能吗?"这个问题直接关系到老板对技能和培训经历的期望。有些情况下,有比你更有资历的人想得到你想要的这份工作。你甚至可以提到这点,并且解释为什么你才是最佳人选。下面是一个求职者对该问题的回答:"5年来我做过各种工作。尽管这份工作属于不同的行业,但是也需要我所具备的管理员工、面对公众的技能。

实际上,在之前的工作中,我每天跟大量不同的人打交道,这已经教会我如何在压力下工作。我知道我可以应对压力,做好工作。"

这个人曾做过女服务员。这样一份工作让她不得不学会应对各色人群。通过展示她以前工作所运用的这些技能,她的答复就是告诉了老板她能够在另一份工作中运用这种技能。

你对问题6的回答

确保提到你所具备的对于想要应聘的新工作有帮助的具体技能和培训经历,还应包括与工作相关的其他优势。

____

____

____

____

问题7:你将来的打算是什么?

你可以回忆一下,我在本章的前面部分提到过这个问题。面试官真实的意图是想知道你是否会留在这个工作岗位上。但是根据你自身的情况,老板会有很多顾虑,例如以下问题:

你会对薪水满意吗?(如果不满意,你会离开。)

你会因为配偶工作调动而辞职去养家或搬迁吗?

你有没有短期工作后离职的经历？（如果有，你很可能还会这么做。）

你做这份工作是否太大材小用了？（工作时很可能不快乐——最终离开？）

根据情况，可能还有其他顾虑。你或许想再次练习回答这个问题，如果这样的话，把自己置身于老板的位置，然后作答。

你对问题 7 的回答

尝试提出面试官可能关心的关于你生活的任何问题。然后给出可以使他们放宽心的答案。当然，不管你说什么必须要真实。

____

____

____

____

问题 8：你以前的老板（或推荐人）如何评价你？

这个问题又涉及老板对你的可靠性和其他适应能力的期望。你是否容易相处？你是否值得信赖？

许多老板会给你的推荐人或者前老板打电话。如果你对以前工作中的问题没有如实交代，那你就露馅了。如果你曾为其工作过的每位老板都认为你很棒，那么回答这个问题就很简单了。但是很多人在前老板那都会有些问题，而面试官通过与你的前老板沟通极有可能发觉你的问题，因此诚实可能是最好的策略。考虑说出事实真相，承担问题中你该负的责任。如果你从经历中学到什么，照实说。很多老板也曾被解雇过，并且了解这点往往与成为一个好的员工没有关系。

某种意义上，这种问题类似于询问你的主要弱点。好的答案可以帮你得到这份工作——即使你不得不透露出一些不利的信息。举例如下：

"如果你跟我的两位前任老板沟通一下，他们会告诉你我是个好员工，做事得力。但是你可能会发现其中一个对我不是很热情，我也不能确切解释我们不能融洽相处的原因，我力争最好，但是她却两次在绩效加薪中把我排除在外。

她会告诉你我完成了工作，但她也可能会说我不太愿意在工作后与其他员工交际。我刚生过孩子，每天都安排的满满的。我是可靠的人，但我确实没有每周两三次地和同事出去交际。我觉得做那份工作不自在，最终辞职了。后来的那份工作中遇到一位赏识我的老板。我想你可能想知道。"

最好提前知道你先前的老板会说你什么。如果你预料到你的前老板对你有意见，试着弄明白他将会说什么。如果可能，跟前老板交谈一下，这样你就知道他（她）会怎么说。有时候，你可以让前老板答应不说关于你的负面的话。请求老板写一封推荐信，通常这样不会太消极，而你的新老板也会接受信中所说的内容而不再打电话。

小贴士：

如果你知道前老板无论怎样都会给你否定的评价，想一想与你在同一个单位共事的其他上司，让他给你写一封推荐信。

有些单位不允许他们的管理人员议论前员工，因为他们害怕被起诉。如果有人给你的原工作单位打电话询问你的情况，经理或者人力资源部人员只会给出你的聘用日期，其他概不透漏。既然新老板不能查清楚你的底细，他（她）不会冒险聘用你。对你来讲，从前老板那儿得到推荐信（信上为你美言几句）就更加重要了。

你对问题8的回答

现在回答问题。若你的推荐人被要求核实关于你的问题，或者他人通过电话向你的前老板求证你的讯息，那有关你的问题可能被透露出来，试着解决可能出现的任何问题。

____

____

____

____

问题9：为什么寻找这种职位，为什么看上我们公司？

老板们都知道如果一个员工喜欢自己的工作岗位，他会做得更好。老板想确保你知道自己想要什么，想让你告诉他你为什么喜欢这份工作和这家公司。涉及他们想知道的东西越多越好。

对于这个问题最好的回答就是诚实。你在面试前就应该很清楚你想要什么类型的工作。你应该了解公司的类型和你想共事的同事类型。你已经在本书的前面部分得到所有信息。如果你正在你向往的工作单位面试你想要的工作，回答这个问题应该不难。

你对问题9的回答

考虑一下你想要某份工作的理由，将两个最重要的理由列到你的答案中。如果你还没有特定的老板去回答，利用你的想象力来判断你要应聘的工作单位是什么样子的。然后解释你为什么喜欢这家公司或者这份工作。

____

____

____

____

问题 10:为什么不说说你的个人情况?

很少有面试官会直接问你这样的问题。但是他们想知道,并且会在不经意的谈话中尽力找到答案。也许你会觉得你的个人情况与公司没有关系,但是老板只有对你和你的个人情况感到满意才会雇用你。

根据回答面试问题的"三步法",你首先应该问问自己:"老板真正想问的是什么?"他们往往更想确定你的个人情况不会影响你成为一个可靠高效的员工。面试者会寻找你不稳定或不可靠的蛛丝马迹。

法律限制了老板可以直接询问而不会遭起诉的问题类型。即使如此,大多数老板为了对你更加放心,都想知道更多你的个人情况。

以下列举的就是老板可能想知道的有关你个人的问题。你可以向老板辩称如果问这样的问题,那么面试就是不公正、有偏见的,但你必须理解老板其实是想知道你是否值得信赖——即使你刚刚到这儿,即使你有孩子,即使你是单身。

老板或许想知道的你的个人情况:

问题	老板真正关心的
你单身吗?	你会留下来吗?
你结婚了吗?	需要的话你能加班吗?
你有婚姻或者家庭问题吗?	你会缺勤、业绩差或不善于人际交往吗?
你如何处理金钱和个人问题?	你会偷窃或不负责任吗?
你是最近搬到这里的吗?	你会再搬家吗?
你怎么度过业余时间?	你有酗酒、滥用药物或其他不被认可的行为吗?
你有孩子吗?	你有照顾孩子的问题或会要求权利之外的休假吗?

以下是直接或间接回答个人情况的样本答案。如果有些生活问题确实属实,而且他们不会影响你工作的话,即使面试官不会直接问到,也可以考虑告诉他们事实。

回答个人生活问题时,要友好而积极。传达的信息就是你的个人情况不会影响你做好工作。回答要尽量简洁、直接且积极。每个答案都可以快速展示自己能做好这份工作的能力。

- 家里有孩子:"我有两个孩子,都在上学。照顾孩子不成问题,因为他们互相有玩伴。"
- 单身家长:"我没结婚,家里却有两个孩子。为了解决照顾孩子的问题,有固定收入对我来说非常重要。"
- 年轻单身:"我没结婚。如果结婚的话也不会改变我的全职工作规划才,因为我现在没有分心的事情,我会全力以赴干事业。"
- 刚搬到这里:"我已经决定永久住在某某地方。我租了一套公寓,正准备搬家。"
- 双亲和童年:"我有非常美好的童年时光。到我父母那儿坐飞机一个小时就能到。我一年可以见他们很多次。"
- 闲暇时间:"我不工作时主要以家庭为中心。我积极参与社区组织,每周都花些时间在教堂活动。"

上面这些答案给了你一些主意,教你如何去回答个人问题,但是你还得根据实际情况调整这些说法。回答面试中的难题要符合"三步法"中陈述的原则。

你对问题10的回答

想想你的个人情况以及老板可能想了解其中哪些方面。把那些需要加以解释的方面列出来。然后给出相应的说法。记住，要让你的老板知道你会是一位负责可靠的员工。给出积极的回答并且提及自己的能力。

____

____

____

____

工作天地

为什么要发送感谢函?

面试后发送一封感谢函看起来只是普通礼节，但研究表明只有不到10%的求职者愿意这么做。这是真实的情况。然而，大多数老板认为感谢函有助于提高求职者得到工作的机会。再没有别的机会能让你只需要多花10分钟的时间就可以领先于其他90%的竞争者，所以一定要充分利用。

对其他棘手问题的快速回答

大多数参加面试者会感觉面试官有某个针对他们的特殊问题，或许是明显的问题，例如年龄(太大或太小)，或许是不明显的问题，如没有培训或工作经验等。

但老板也是人，他们通常也尽量力求公平。作为老板，他们感兴趣的是能招聘到一名好员工。

你要做的就是让面试官明白你能做好这项工作。问题是很多面试官推断你有问题，如果这种推断属实，他们或许不会直接问你，因此，你也就没有机会陈述并推翻他们的推断了。

例如，如果你稍微超重，有些老板会以为你会经常生病，或者工作上迟缓。面试官也许不会提出这个问题，但这种推断会影响老板的观点，除非你说服他你身体健康、思维敏捷以及值得信赖。提不提体重问题，完全取决于你。但是如果你不直接提出来，却又强调任何有关自己的成见是不成立的，那对于你来讲是再明智不过的了。

几乎所有情况下，老板的推断都与他对你的可靠性的期望有关。老板需要确信他们可以放心让你去做这份工作。如果他们不问，你也不说，还有谁会问呢?

下面的示例是针对老板所关心的“典型问题”给出的答复和建议。有些是老板不公正或者不准确的推断。作为求职者来讲，你需要面对的是真相。一旦得到这份工作，你就可以向老板证明你的实际情况。

- 年龄太大:“我是一个稳定可靠的员工，不需要太多培训。我的一生都值得信赖，在我的职业生涯里我本不想再变动工作了。但是，我打算再过10年才退休，这可能比当今一般的年轻人在自己岗位上待的时间还要长。”(大多数老板都清楚，最后陈述的的确是事实。)

- **年龄太小**:"我工作习惯良好,能很快地接受培训,并按您要求的方式去工作。我打算努力工作,争取事业有成。而且您不需支付给我像有经验的员工那么多的报酬。我会证明我的价值要远超过我所获的薪酬。"
- **监禁和逮捕记录**:"我有必要让您知道我曾经坐过牢。我得到了教训也为自己犯的错误付出了代价,我不可能再重蹈覆辙。在监禁期间,我努力学习并获得了想要求职的行业证书,我是班里排名前 1/3 的学生。"
- **失业**:"我已经失业 3 个月了。在这段时间里,我认真反省我想要做什么。现在我已经拿定了主意,请允许我向您说明。"
- **超重**:"您或许已经察觉到我稍微超重。有些人以为超重的人迟缓,工作不努力,或经常缺勤。但请允许我说说自己的情况。"
- **性别**:"并不是很多女性(或男性)对这类职位感兴趣,所以请让我告诉您我的原因。"
- **种族**:种族应该不是问题。展示你的技能,全力以赴,陈述你的情况,然后写一封感谢函。这条建议适用于任何求职者。
- **国籍**:英语水平不高的确会限制工作求职。如果你不是英语国家的公民,老板会关心你在工作中的稳定性——或许法律会限制他们雇用你。遇到这些特殊问题,你可以到为移民提供帮助的机构求助。即使如此,如果你能提出很好的理由,许多老板也会考虑雇用你。
- **身体障碍或残疾**:不要戒备或表现冷漠。如果你的残疾很明显,应考虑实事求是地提出来。人们只是想知道你的残疾不成问题,所以解释为什么不成问题,然后强调你为什么可以比其他求职者做得更好。例如:"感谢您提供这个工作机会,但是在我接受前,我想您有必要知道我有轻微的身体缺陷,但这不会影响我在工作中的表现。"

工作天地

你如何利用"成见效应"?

面试官也是人,所以跟我们一样会有偏见。例如,看上去有魅力的人一般给人的印象是有更高的技能或更好的个性等,尽管实际上根本不是这么回事。心理学家称之为"成见效应"。你可以利用这种成见效应,通过职业化着装和干净利落的打扮来显示你的优势。

不合法问题

有些人认为,若老板询问以上一部分中的某些问题,是不合法的。我也认为询问这些问题缺少素养,但这是一个自由的国家,任何人都可以问他想知道的事情。面试官可以通过核实信息发现问题。基于一些不当标准而录用或不录用都是不合法的。很多法律条例保护特殊人群不会仅仅因为上述原因而被拒绝工作。法律要求录用的标准是求职者的工作能力而不是其他标准。例如,应该根据一位女性的能力而不是她的性别来公平考虑她是否可以做木匠。一位坐轮椅的人也应该仅仅依照他的会计能力来考虑他是否适合会计的工作。是否录用一位经理也应该根据他(她)的管理技能和资历,而无关于民族和种族问题。受到公平对待是我们的权利。

问题是大多面试官不会直接问上述的问题，但他们很想知道这些问题是否会影响你工作的能力。你没有必要非得回答你不想回答的问题，对你来说这也是一个自由的国家。但是至此，你应该明白大多数问题是想弄清楚你是否会是一个好员工，所以为什么不说你有很多优势，可以做好工作，老板可以信赖你呢？

幸运的是，大多数老板跟你一样，他们很容易察觉你的感受，而且把你当成年人。他们希望录用的是他们坚信能干好工作的人，做录用决定本身是有很大风险的，所以，归根结底，你有责任让他们相信你能够成为一个好员工。不要让面试官仅仅凭着对你的印象做决定，而是要说出来为什么他们应该录用你。

老板们最好不要问的问题

为避免因歧视遭到求职者起诉，某法律事务所建议老板们在面试中应该避免这些话题，除非招聘的工作岗位需要特定的条件（例如，消防队员必须能够做艰苦的工作而且符合特定的年龄）。

- 年龄或出生日期
- 以前的住址
- 在现住所住了多久，是租的还是自己的
- 种族、信仰或者神职人员姓名
- 父母亲的名字
- 娘家姓或婚姻状况
- 几个孩子，孩子的年龄，谁照顾他们
- 配偶姓名、工作地点和住所
- 父母姓名，工作，住所
- 财务贷款，工资附件和个人破产情况
- 监禁记录
- 法律定罪（除非与工作相关）
- 国外服兵役情况、使用语言（除非工作需要）
- 社会组织成员
- 受教育日期
- 对地理位置的看法（除非工作需要）
- 国籍和出生地点
- 退伍
- 身高，体重，性别
- 关于健康、身体或精神状况、残疾等方面的问题

其他 50 个问题：

这儿列举了 50 个面试问题，来自于对 92 个职业面试官的调查，他们专门面试毕业求职的学生。大多数问题是问及成年人的问题。在你难以回答的问题下画线，这些正是你需要练习回答的。回答问题时，记住使用“三步法”。

1. 你参加过学校哪些活动？为什么？最喜欢什么活动？
2. 你怎么度过你的业余时间？你有什么爱好？
3. 你为何愿意为我们公司工作？
4. 你有过什么样的工作？怎么得到的？为什么辞职？
5. 你最喜欢什么课程？最不喜欢什么？为什么？
6. 为什么你选择这个工作领域？
7. 你在学校的花费有多少是你赚的？怎么赚的？
8. 你对我们公司了解哪些情况？
9. 你觉得你已经受到良好的培训了吗？
10. 你有哪些资格使你认为你会在这一领域取得成功？
11. 你对薪水有什么想法？
12. 如果重新上学，你会选择什么课程？
13. 你能够忘掉所受的教育，工作中从零开始吗？
14. 五年内你希望赚多少钱？十年内呢？
15. 你当初为何选择到你就读的学校学习呢？
16. 你高中毕业时在班内排名多少？大学毕业时呢？
17. 你认为你的业余活动所付出的时间值吗？
18. 在你选择的领域里，你认为有哪些个性特征是成功所必需的？
19. 你为什么喜欢这类工作？
20. 你是想找份长久的还是临时的工作？
21. 你主要是对赚钱感兴趣，还是主要关心为人服务？
22. 你是喜欢跟别人一起工作还是独立工作？
23. 你能够按照上司指令工作而不感到心烦吗？
24. 讲一个故事。
25. 你从以前工作中学到了什么？
26. 你能从前任老板那里得到工作推荐信吗？
27. 我们产品或服务的哪些方面让你感兴趣？
28. 你在军事服役期间有什么记录？
29. 你知道你接受培训的领域有什么机会吗？
30. 你期望工作多久？
31. 你跟同学、老师们相处困难吗？跟同事呢？
32. 上学期间哪个阶段最困难？
33. 你喜欢重复性的工作吗？
34. 工作是否稳定对你来说有多重要？
35. 你主要的弱点是什么？
36. 说说你对“合作”的理解。

37. 你会奋力争先吗?
38. 你善于分析吗?
39. 公司派你去某个地方,你会愿意去吗?
40. 如果可以自由选择的话,你会选择我们公司的什么工作?
41. 你有没有深造的打算?
42. 你最喜欢什么工作? 最不喜欢什么? 为什么?
43. 你有什么特殊才能?
44. 你想在我们公司做哪方面的工作?
45. 你会选择大公司还是小公司? 为什么?
46. 你怎么看待加班?
47. 你对什么工作感兴趣?
48. 你认为雇主应该考虑毕业生在校的成绩等次吗?
49. 你对研究感兴趣吗?
50. 你做过什么可以证明你工作有创新性和主动性的事情?

最后一个附加问题

你最害怕面试官提问什么问题? 写在这儿,然后利用"三步法"给出面试官可以接受的肯定答复。

问题:______________________________

答案:______________________________

____

____

____

____

____

____

____

____

你已经为面试做好了准备

比起大多数求职者,你现在已为面试做了更好的准备。如果你面试表现出色,面试官会考虑把这份工作给你而不是有更高资历的人。你经历的面试越多,应对得就会越从容自如,也就更有可能得到工作机会。下一章内容是关于如何安排你的求职过程以及如何有效利用时间的。

案例：沉默是金

我们都经历过面试中脑子一片空白的时刻，有时即使你已经准备好答案，却什么也想不起来了。由于害怕沉默，你开始胡乱应答，而你的心里也明白这不是最好的答案，也根本不切题。

然而大多数专家认为，整理思绪的片刻沉默比起蹩脚的随口应答更有利。一位人力资源部经理朱迪·奥森说："毕竟，老板们并不期望他们的员工在每个场合都能为顾客或者客户及时给出答案，他们宁愿员工认真思考而不是随口说出错误的话。"面试也是如此。尽管你不想花太长时间（毕竟沉默也会令面试官觉得不舒服），但花点时间去整理你的思路还是值得的。

第10章

保住工作并在工作中获得提升

到现在为止，你应该已经明白找工作本身就是一项工作。同样地，你也应该明白拥有一份工作并在工作中有所发展，这也是一项工作。或许你一辈子要工作40年甚至更久，因此，要提前想清楚如何保住自己喜欢的工作，并在事业上不断取得进步，或者实现其他的目标。大多数人对自己工作的驾驭能力超出他们的想象，例如：在目前的工作中你所学到的东西，会有助于你将来拥有一份薪水更高，或者具备更多其他优势的工作。

因此，在本书最后一章给出了一些建议。这些建议可以帮助你提升事业满足感并取得更大成功。同时，本章也谈到了如何采取积极的方法选择离职的方式和时间。虽然，本章有些话题在全书都有涉及，但是在此所提供的建议会让你深入思考一些东西，尤其是当你刚刚开始一份新工作并且想要在事业上不断发展的时候。

想出人头地，你需要超越老板对你的期望

> “成功的秘诀在于将平凡之事做得不平凡。”
>
> ——约翰·D·洛克菲勒

在前面的章节里，你已经学到了老板对员工的3点主要期待。这些要求是老板在决定用人时要考虑的最重要的因素。为防止你忘掉这些内容，下面我们再来回顾一下：

- 第一印象。
- “软技能”，尤其是你的可靠性及其他个性特点。
- 与工作相关的技能、经验及培训。

求职者只有在满足老板的上述期望之后，才可能会被录用。但是，一旦拥有了这份工作，你必须继续努力达到老板的期望和要求——然后超越这些期望，以获得工作上的不断提升。

为什么有人会被炒鱿鱼

为了在工作上不断取得进步，首先你应该明白什么会让你陷入麻烦。如下所列的几点，是在对老板调查后总结出的解雇员工最主要的原因：

- 拒绝或不能与他人友好共事
- 不诚实，撒谎或者有偷窃行为
- 着装不雅，形象邋遢
- 不可靠，迟到或者缺勤次数太多
- 在工作时间内办理私事
- 拒绝工作或者不能完成工作
- 工作效率太低，或出错太多
- 不服从命令，和主管关系不好
- 吸毒或酗酒
- 虚假的技能、工作或者培训经历
- 安全事故较多，不遵守安全规则

职场生存并取得成功的 12 种方法

满足老板的最低期望值会让你避免被炒鱿鱼，但是为了获得晋升或者提高薪酬，你需要做的远远高于最低要求。下面这些小建议虽然不能保证一定会成功，但会对你的成功有所帮助。每一条建议之后都留有空白处，以便记录下你将如何运用。（以第一条建议之后的回答为例。）如果空白处不够用的话，建议另附纸张。

注意弥补基本技能方面的不足

老板希望你掌握良好的基本的学习技能。比方说，如果你的写作能力不高，语言技能不强，或者需要提高电脑技能，那你在职场上的提升就会有障碍。然而，对于不同的工作，它所需要的技能也是在不断变化的。请你考虑一下自身有哪些不足之处以及如何完善。为了达到这个目的，你可以去听课，也可以在工作和其他实践中不断学习。

如何把这条建议运用到下一份工作里？____________________

____

____

以下是有人对此问题给出的回答，供你参考。

我的写作水平一直都不高，在语法和拼写方面都会犯错。我目前的工作不需要很多写作，但是我想干技师工作的话，就需要写大量的报告给客户。我打算到社区大学里参加写作辅导课程。现在不管我写什么东西，都会使用Word文档里的语法和拼写检查功能，这有助于我发现错误并且及时地改正。在家时，为了锻炼写作能力，我不断地给朋友们写电子邮件。我计划要一直保持写作的习惯并且不断地提高写作水平。

良好的仪容打扮有助于晋升

如果想获得提拔，你的仪容打扮就应该符合你希望得到的职位的需要。整洁优雅、穿着得体的仪容，会使你看起来很职业化。可以模仿那些成功人士的着装打扮。即使是你和同事们在非工作场合下休闲玩乐时，也应该穿着得体，给大家展示良好的形象。

如何把这条建议运用到下一份工作里？____

____

____

早到晚归

每天早一些来上班，利用早来的时间来计划一下你当天的工作目标。在上班时间开始的时候，切记要一直待在你的工作区里，这样，让老板和同事们都知道你在那儿。到了下班时间，再多待几分钟，让老板知道你愿意为了完成一项重要的任务而自愿晚归。

一些老板或许并不想让你在规定的工作时间外加班。他们担心政府机构会迫使其付加班费。如果是这样的话，那就按照老板的意愿去做。但是要使其清楚一旦需要的话，你愿意多付出。

如何把这条建议运用到下一份工作里？____

____

____

主动、热情

用自己的方式来享受工作。告诉他人，尤其是你的老板和同事们你是多么喜欢这份工作。着重强调工作里你喜欢并且擅长的部分，这会使别人注意到你在做什么。热情会振奋团队精神，还会改善我们对工作和自身的感受。把工作中的热情传递给周围的朋友们。保持积极的工作态度有利于帮你克服困难，提高工作效率。

如何把这条建议运用到下一份工作里？______________________________

____

____

树立明确的目标

在本章里提供了许多小建议，假设的前提都是你个人有想获得提升的意愿。当然，是否有事业和生活目标完全取决于你自己。目标越清晰，实现的可能性就越大。例如，如果你想获得晋升，你可能要管理他人或者学习新的技能。如果这个目标对你来说真的非常重要，那为了实现它，就要围绕着这个目标多做一些事情。因此，要抽时间记录下那些和工作相关的重要的目标，然后再写一写实现目标的具体措施。

如何把这条建议运用到下一份工作里？______________________________

____

____

要求承担更多的责任

让老板知道你想进步，想承担更多的责任。询问如何让自己的工作对公司更有价值。一旦开始一份新工作，要想办法学习新的东西。自觉主动地多做一些事情，通过种种方式使自己对公司更具意义。例如，以自己的特有方式解决某一个问题。如果你有意从事管理岗位，要让老板知道。

如何把这条建议运用到下一份工作里？______________________________

____

____

征求如何获得晋升的建议

在一份工作刚开始的头几周里，向主管请求半个小时的私人谈话时间。当你获得了老板的关注后，向其表明自己愿为单位创造更多的价值。询问如何在合适的时间内得到提拔，并且自己要清楚如何才能得以晋升。

在结束谈话前，确定一下何时请上司评价你所取得的进步。定期征求老板对你工作进展的意见。不要对晋升事宜过于急切——只需让老板知道你的晋升想法，他（她）会把你看做后备人选。

如何把这条建议运用到下一份工作里？______________________________

____

____

成功的技巧

时间管理

比尔在一张单子上列出了5件事情，这是他必须在当天8小时工作时间内要完成的。这似乎非常简单，他先用了两个小时把第一件事处理完毕。感觉挺满意的，接着又花了一个小时在电子邮件上。然后，美美享用了一顿午餐，用餐时间比平时略微长了点儿。一个不期而至的电话把他拖到了两点钟，此时在工作单上还有4个任务尚待完成。当然，比尔并不担心：今天没有做完的，他确信明天一定可以完成……或许下个周能完成，这对不对呢？

不断学习

要尽可能多地参加培训！从老板那儿努力争取每一次的培训机会。这个培训即使不是你的职责和工作范围里的，但也许会帮助你学到新技能。确定一下参加什么培训才能使目前的工作做得更好。如果不可能从老板那里得到某一培训的机会，那就向你的主管解释这个培训对公司如何有益，寻求帮助以获取更好的培训信息。

选定你需要学习的东西，而且一定是对目前或者将来的工作进步有用的东西。晚上可以上夜校而不是看电视，就一些相关的课程多阅读书籍和期刊。在你的工作领域里保持知识的随时更新，弄清楚工作进步需要学习的新技能。一旦学会了这些新技能，要通过各种方式把它们运用到目前的工作中。

如何把这条建议运用到下一份工作里？______________________________

____

____

成功的技巧

正直

斯图尔特在一家大工厂工作。最近他发现公司有人将含有有害物质的污水排放到城外的河里。他担心如果告诉其他人的话——不管是公司内部的还是外部的——他都会丢掉自己的工作。可是，不说，他又有些良心不安。他应该怎么办呢？

成果要可量化

寻找一些可以评估工作成果的方法。把工作过程记录下来，将其与以往的成绩或者在相似情况下其他人的平均成绩作一下比较。如果你取得的成绩真的很好，那就发给主管一个报告。例如，如果在人员没有增加的情况下，订单与去年同月相比提高了40%，那这就是一个很大的成就。要学会用数字的方式来呈现你的工作成果：省下多少钱，销售额提高了多少，参与的人数，处理了多少工作模块或者是压缩了多少预算。

如何把这条建议运用到下一份工作里？＿＿＿＿＿＿＿＿＿＿＿＿＿＿＿＿＿＿

＿＿＿＿＿＿＿＿＿＿＿＿＿＿＿＿＿＿＿＿＿＿＿＿＿＿＿＿＿＿＿＿

＿＿＿＿＿＿＿＿＿＿＿＿＿＿＿＿＿＿＿＿＿＿＿＿＿＿＿＿＿＿＿＿

保持良好的人际关系网，找到一个良师益友

留心观察在单位内部或者外部有没有能够在事业上对你有所帮助的人。要与认识的人经常保持联系，例如在求职过程中遇到的人，参与职业组织协会认识的人等，以及寻求其他的扩展人脉的机会。这些联系会有助于你在事业上的进步，他们会给你建议，向他人推荐你或给你其他方面的支持。

建立良好的人际关系网的同时找到一个良师益友。所谓的良师益友是指能够在事业上给你良好的建议，并被你尊重的人。他（她）有可能是你的主管、经理或者是熟悉工作并且乐于帮助你发展的资深同事。良师益友也许并不在你的单位里工作，但他（她）对你的工作领域或者类型非常了解。问他（她）是否乐意在工作上帮你一把，如果答案是肯定的，那就定期与其联系。

如何把这条建议运用到下一份工作里？＿＿＿＿＿＿＿＿＿＿＿＿＿＿＿＿＿＿

＿＿＿＿＿＿＿＿＿＿＿＿＿＿＿＿＿＿＿＿＿＿＿＿＿＿＿＿＿＿＿＿

＿＿＿＿＿＿＿＿＿＿＿＿＿＿＿＿＿＿＿＿＿＿＿＿＿＿＿＿＿＿＿＿

不要让私人生活影响工作

以下事情不要成为你的借口：不要把迟到归咎于你孩子；浪费工作时间进行网上购物；延长午休时间；或者在上班时间做与工作无关的事情；与朋友或家人煲电话粥，计划你的假期以及太多的这类私人事情。老板们付给你薪水可不是让你工作时间做这些的。许多老板把员工在上班时间做与工作无关的事情视为一种偷窃行为。当然，真的是万分紧急的事情的确也可以体谅。但是应该好好地规划一下，避免太多的私事或者一些不恰当的活动。

如何把这条建议运用到下一份工作里？＿＿＿＿＿＿＿＿＿＿＿＿＿＿＿＿＿＿

＿＿＿＿＿＿＿＿＿＿＿＿＿＿＿＿＿＿＿＿＿＿＿＿＿＿＿＿＿＿＿＿

＿＿＿＿＿＿＿＿＿＿＿＿＿＿＿＿＿＿＿＿＿＿＿＿＿＿＿＿＿＿＿＿

商务礼仪

办公室礼仪

据估计，有4000万的美国人在小隔间的办公环境里工作，由于注意力分散或者其他的问题，每人每天会浪费一个小时的工作时间。对于营造一个健康的工作环境来讲，办公室礼仪是非常关键的。请参考下面的指导原则：

- 办公室装饰要有品位。
- 把聊天时间压缩到最短；听音乐时戴上耳机；避免设置引人反感的手机铃声。
- 要体贴周到，由于同事们坐得都很近，因此患感冒或流感时最好待在家里，避免传染别人。
- 最重要的一点，花些时间多去了解你的"邻居们"。

自我提升

认真考虑一下这个问题：你在工作上的态度和表现将会影响到你的长期职业规划。例如，如果你想承担更多的工作责任，那就要问一下自己，现在正在做的事情是在向这个目标前进吗？是否在学习些新东西，以助你达到目标呢？有没有合理地安排时间并承担更多责任呢？现在就动手准备长远的职业规划吧。

努力工作并把工作做好固然重要，但这可能还不足以引起老板的注意和重用。你必须通过完成我之前讲过的一些事情让自己能够脱颖而出。最为重要的是，要让别人感觉到你获得提拔是实至名归。因此，留意服装仪容，及时告知老板自己取得的成绩，请求老板给予提拔。结合之前的其他建议，这种积极的姿态会有利于你获得赏识。

如何把这条建议运用到下一份工作里？______________________________

____

____

要在工作上成功，你可以采取许多措施。这里我给的一些建议会帮助你学会许多技能，而这些技能在老板们看来是很重要的。事业上的进步的确需要运气，但是更需要努力工作。记住要提前计划，这一点很重要，然后向你的目标努力前进。

工作天地

如何利用帕雷托法则?

帕雷托法则，又称80/20法则，也就是说有80%的结果是由20%的原因造成的。换句话说，一家公司80%的销售额或许来自20%的员工，80%的利润来自20%的产品。这个原则对员工们和老板们大有益处，鼓励他们把注意力集中在那最有成效的20%上。

做正确之事

有时能保住一份工作已经不易,更不用说要晋升了。员工丢掉工作常常不是因为公司裁员或缩减预算,而是因为未能遵守公司的一些基本规定。

公司的规则——包括书面的和非书面形式的——就是约束员工的行为准则。遵守这些规则当然并不意味着给你带来晋升机会,但是,违反这些规则却能导致你被公司开除。

每个组织都有自己的规范要求。有些规则是写在员工手册里的,有些规则则是习惯默认的。下列是一些违反公司基本规则的情形:

- 不诚实,散布虚假信息
- 盗窃公司财物
- 滥用公司资源(电话、邮件、网络、复印机等等)
- 吸毒或酗酒
- 威胁顾客或同事
- 携带武器上班
- 掩藏同事的不道德行为
- 不遵守已有的安全规程

以上几乎是所有公司的老板们都认为不能接受的行为,有以上行为的员工将面临警告甚至被开除。

除了上述公认的显性规则,还有一些非书面形式的规则在约束着组织内部的员工们。注意隐性规则并遵守它们也同样重要。

- **理解公司使命。** 很多公司都有自己的使命,使命阐述的是公司的共同行为与商业价值观。知道公司的使命并做出自己的贡献会提升你对于公司的价值。
- **准时。** 在上文中我提出了上班要“早到晚归”的建议,那是针对于想要在工作中得到提升的人而言的。如果你只是想“保住”工作的话,你至少应该准时上下班。
- **将私人生活与工作分开。** 老板能够理解你偶尔因为个人原因请假,但却不能容忍你经常因为私人原因影响工作。
- **尊重他人。** 工作的场所是多样化的,每个人都有自己的文化、价值观和经历。尊重他人才能与同事们友好相处,进而保证合作顺利。
- **敢于担当、勇于认错。** 如果工作中出现了失误要敢于担当、勇于认错,不要推脱责任。

工作中要保证做正确之事,可以与你的上司交流以熟悉公司的规则。如果有疑问的话也要及时请教。

商业道德

每个组织都有自己的规范要求。有些规则是写在员工手册里的,有些规则则是习惯默认的。企业文化中也反映着公司的行为准则。历史上不乏缺乏商业道德的公司,而买单的往往是无辜的员工们。

如果你觉得公司要求你做的是不道德的事情,你要退后一步冷静考虑了。把你的顾虑和感受说给可靠的上司听。如果你持续感觉被迫做不道德的事情,或许你该考虑辞职了。

离职的正确方式

有太多的人在离职的时候，采取了不当的方式或者是运用了不妥的理由。有一些工作确实是干不下去了，或许是因为你和主管或者同事们相处不好，或者是在这份工作里你看不到可以进步的空间。如果想离职，你或许有种种原因。但是，在离职之前，请考虑下面给你的一些建议，再决定是留还是走。如果你真的决定要走，那这里的建议会帮助你以一种更专业化的方式离职。

别随便一走了之！

如果你没有告诉单位就突然离职，会使你的老板和同事们在接手你的工作时措手不及。随后对你本人也带来损害，因此他们便不会去做你新工作的推荐人。或许现在这对你不重要，但是许多老板只有在核实了你的就业经历之后才会雇佣你，到那时影响就会显现。

有些例外情况下，你应该马上离职。例如，如果你感觉受到一些同事或者主管的威胁或侵犯，就应该给老板或者人力资源部一份正式的投诉。如果你感到不安全，就该尽早离开，然后提交一份正式的投诉。如果有人逼你撒谎或者是做一些见不得人的勾当，不要认为把这些报告给主管就能安然无恙，应该考虑尽早离开。然后，再提交一份正式的投诉或者是采取其他你认为最妥当的行为。

弄清对工作不满的原因

如果你对某份工作不满意，重要的是要知道不满的原因。如果你正在考虑离职，那就花些时间把你不满的原因记录下来。这样做会让你知道在下一份工作中应该避免什么，并能够发现自己在当前的工作中可以改变的地方。

“如果你正在考虑离职，那就花些时间把你不满的原因记录下来。这样做会让你知道在下一份工作中应该避免什么，并能够发现自己在当前的工作中可以改变的地方。”

在放弃之前，换个角度想一想

一旦明确自己想要离职的原因，问问自己还有回转的可能吗？要大胆有创意，反正你又不会损失什么。在离职前考虑能否在单位内部做岗位调整，或者坚决要求老板赋予更多的权利或者分配不同的工作任务。此时，尝试其他不同的解决方式并不会让你有任何损失。

不要告诉任何人你想离开

许多人会跟同事说自己感觉不愉快想离职。问题是其他人（包括老板）通常会察觉，如果老板听说你计划想离开，他或许就开始寻找能够替代你的人，一旦找到就会解雇你。即使老板不知道你的想法，别人也会开始怠慢你，甚至不会给予你帮助或培训机会。

在辞职之前要找到新工作

最好的离职方式就是在辞职后，走向一份更好的工作。一旦你决定要辞职，就开始积极寻找新工作。既然你仍然在这个单位上班，那你的求职方式就不能干扰目前的工作。例如，不要在办公室里使用网络邮寄简历或查找招聘信息。在午餐时间或者正常工作之外的空当去参加面试,必要时利用休假或者其他私人时间。

保持积极态度和高效状态

许多对工作不满的人会呈现出消极的态度。他们牢骚满腹、指责他人,表现得不像以前那么好。如果持续这种状态的话,许多老板就会发现他们不佳的工作表现和糟糕的工作态度,这会令他们决定辞掉这样的员工,即使他并不知道该员工想离职。因此,如果你在找新工作,保持积极的态度并且在工作中表现良好,这是很重要的。这样做可以让你把主动权握在自己手里,按照自己的时间安排离职。

离职前及时告知单位

一旦找到新工作,你就要辞职了。最佳的方式是给你的主管写一封辞职信,内容要积极,表达对老板给予帮助的感激,说说你在这儿的收获。提出你会继续在岗位上呆上两周,或是情况允许的话你会待得更久。这么做给公司留下了足够的时间去找接替你工作的员工,从而能够顺利交接工作。

> “记住你的下一个老板会和你以前的老板联系,因此,在离职前的日子里要对人友好并且尽可能地保持高效工作。”

离开时与大家保持和睦关系

记住,你的下一个老板会和你以前的老板联系,因此,在离职前的日子里要对人友好并且尽可能地保持高效工作。使手上的项目和工作井井有条,这样能让他人快速了解你的工作内容。要帮助即将接替你的人。给同事们和主管留下正面的印象。

结语

该书已近尾声。但是,对你来说,需要做的事情还有很多。如下就是我最后的几点忠告:

- **相信自己**。没有人比你更了解自己,因此尽你所能作出最好的决定,积极进取、不断提高。
- **做值得做的事情**。不管是养家糊口,参与拯救鲸鱼,还是友善地对待客户,相信自己所做的事情是特别的、恒久的、有价值的。
- **勤奋工作**。所有的工作都有其价值,因此要投入精力,尽可能做得最好。
- **享受生活**。这和“开开心心”有些相似,但“享受生活”更长久,也更有深意。
- **表达感谢**。在你的一生中,有许多人会或多或少地帮助过你。要让他们知道你非常感谢他们,你可以发致谢函、写电子邮件或者亲口说一声“谢谢”。你对生活付出的越多,得到的回报也会越多。

感谢你使用本书。祝愿你求职顺利,一生好运。

案例：老板会留意你的表现

勒蒂莎认为她陷入麻烦了。这份工作她才干了3个月，她认为自己竭尽全力工作并且做出了积极贡献。她以前从来没有被叫进老板的办公室——直到今天，她猜想是不是自己做错了什么，而且她已经开始想如何应对了，不妨数一数自己提前来上班的次数以及自愿加班的那三两件事儿。

然而，老板递给她一张表并把上面的一个数字指给她看。原来这是鉴于对她出色工作的认可而给她的加薪。她内心的焦虑不安化作了一脸的欣喜。勒蒂莎说："这证明老板的确会注意到员工良好的工作表现。"

后 记

与《得到你真正想要的工作》这本书的相遇是一个偶然。

2009年，我作为首批“高职院校领导海外培训项目”赴美研修团的一位成员，在美国进行了为期一个月的培训。期间，除了通过交流、听课、考察、学习并研究美国社区学院的教育教学理念和经验外，我还注意留心搜集一些涉及教研、教学等书籍资料。在加州的一所社区学院书店里，同团的威海职业学院金志涛院长买了《得到你真正想要的工作》这本书。我粗略地翻了翻，书中所讲述的如何正确认识自己、规划职业发展、实现人生价值等内容吸引了我。我想，这本书是不是可以作为教师的参考用书、学生求职的指导用书？为弥补我没有购买此书的遗憾，回到宾馆后，我用相机把这本书的内容一页一页地翻拍了下来，计划回校后组成教师翻译团队将此书翻译出来。

富兰克林说：“如果你自己没有正确的定位，即使是宝贝，放错了地方也是一堆废物。”面对日趋严峻的就业形势，如何消除“职业迷茫”、减轻职业压力，正确认识“我是一个什么样的人？我喜欢什么？我擅长做些什么？我适合从事什么样的职业？”就显得尤为重要。因此，快速提高面试技巧，改善求职策略，对即将步入社会的学子们来说，无疑可以从这本书里找到答案，同时还可以帮助学子们为赢在起点制定出行之有效的职业生涯规划，从而成功地挖掘自身已有的资源优势，对日后的职业选择做出正确的判断与决策，找到属于自己的职业定位，从而最大化地实现自我价值并持续增值。

这是一部关于求职技巧的书，但又不是单纯的求职书。正如作者迈克·法尔所说：“它鼓励你更多地去了解自己。它可以帮助你确定你喜欢并擅长什么，并帮助你在求职中找到这些有意义的东西。这本书让你去思考如何过自己想要的生活。”由此可见，这样的一本书，不仅可以起到指导学生就业的作用，还可以帮助学生了解自己、发现自我，找到一条适合自己的发展之路，过自己想要的美满生活。

迈克·法尔先生的《得到你最想要的工作》一书迄今已更新6版，成千上万的人从中受益，但在这之前却没有中文的全译本。作为首批“高职院校领导海外培训项目”赴美研修团的一个延续性成果，作为青岛职业技术学院比较教育研究的又一成果，此书中文版的付梓印刷、出版发行，不仅对高职院校就业教育有借鉴价值，而且还可以在学术方面进行比较教育研究。

在这里，我要向中国教育国际交流协会表示诚挚的感谢，因为，如果没有2009年的“高职院校领导海外培训项目”所开展的赴美研修，就不会有我与这本书的相遇，也就没有今天这本书的中文版面世。与此同时，我还要感谢承担此书主译工作的张慧和侯芳老师，感谢对此书译稿提出修改意见的李永生教授，感谢参与该书翻译工作的崔佳、冯瑛、高玉飞、温黎明、王延宁、石磊、孙培军、朱海燕、李梓、李震、应铭华、张兰、赵海花、周婧、马喜峰、刘桂梅、王艳等老师。

这本书虽然是迈克·法尔所写，但他与我们学生心灵的接触和沟通，却是通过青岛职业技术学院的教师团队来实现的。我希望，教师看到这本书，能够反思并丰富自己的就业教育方案，让教育生动有效；我期待，学生看到这本书，能够在社会上找到属于自己的“位置”，让人生成功精彩。

学闻问思，成就梦想。

2013年9月于青岛